観光コースでないハワイ
「楽園」のもうひとつの姿

ANOTHER HAWAII

ノンフィクションライター
高橋真樹
Takahashi Masaki

高文研

もくじ

Ⅱ 基地の島を歩く——太平洋のモンスター

Ⅲ　観光大国のゆくえ――つくられたパラダイス

装丁＝商業デザインセンター　増田　絵里

◆ハワイ諸島

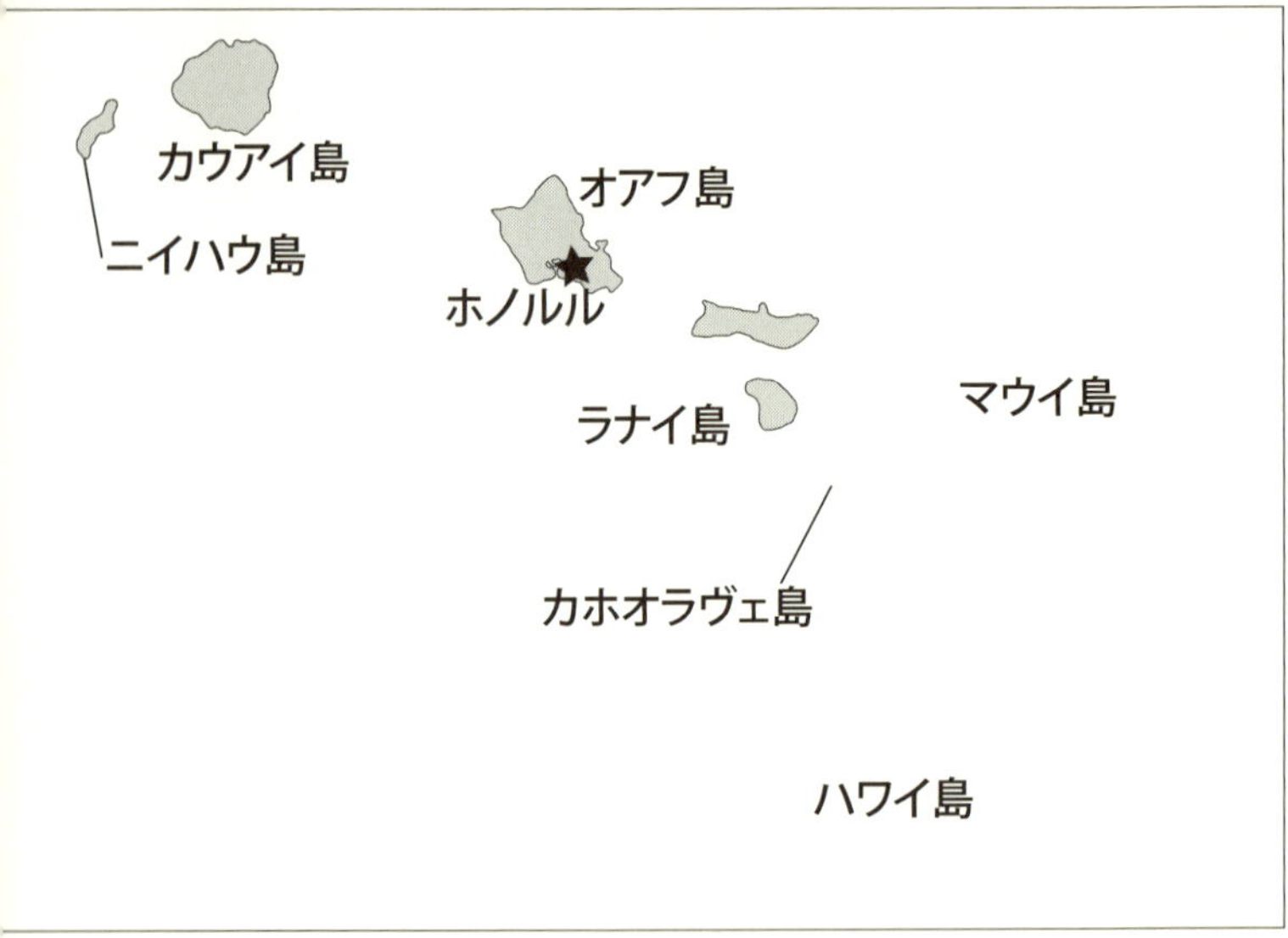
カウアイ島
ニイハウ島
オアフ島
ホノルル
ラナイ島
マウイ島
カホオラヴェ島
ハワイ島

◆カウアイ島

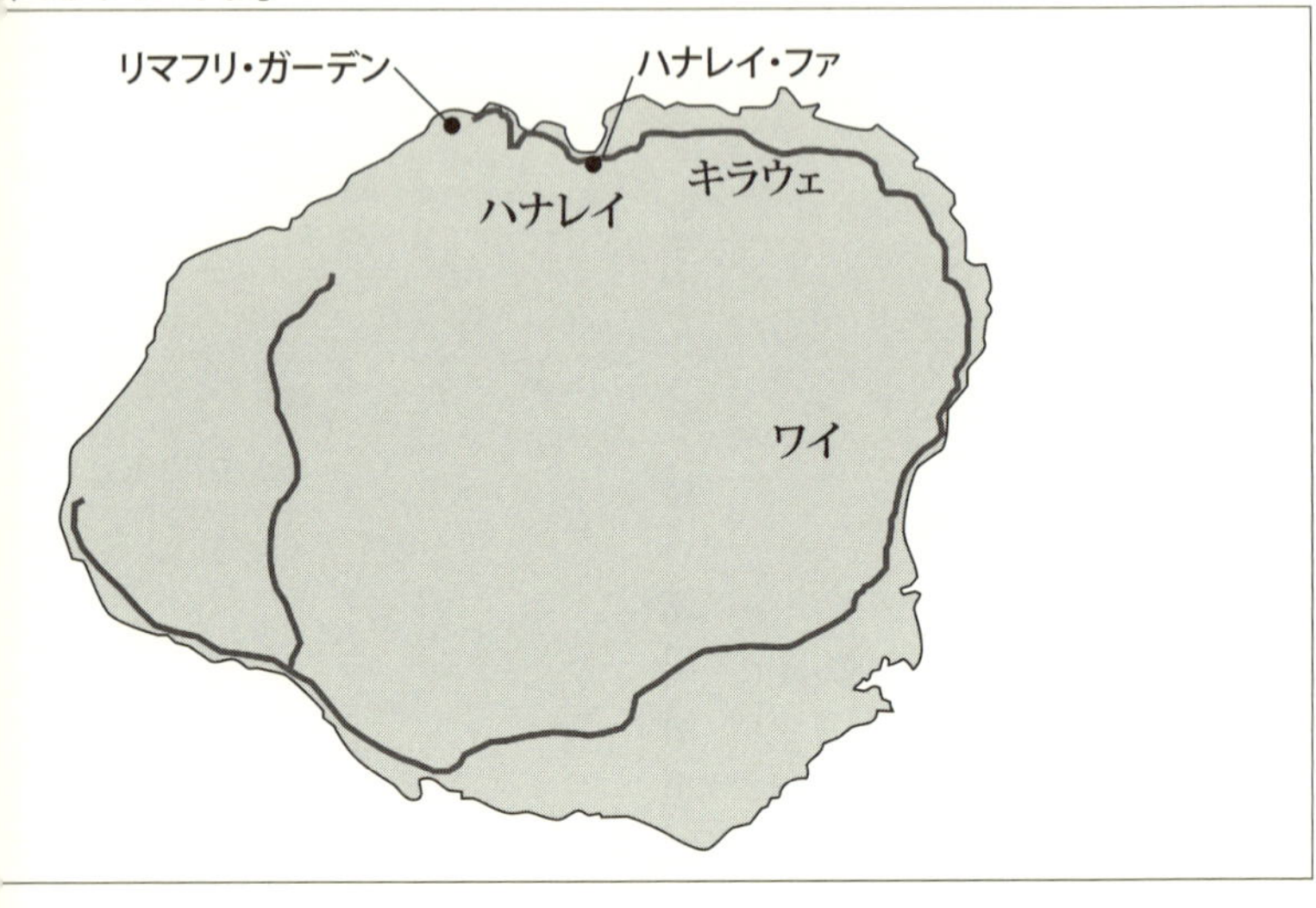
リマフリ・ガーデン
ハナレイ・ファ
ハナレイ
キラウェ
ワイ

◆オアフ島

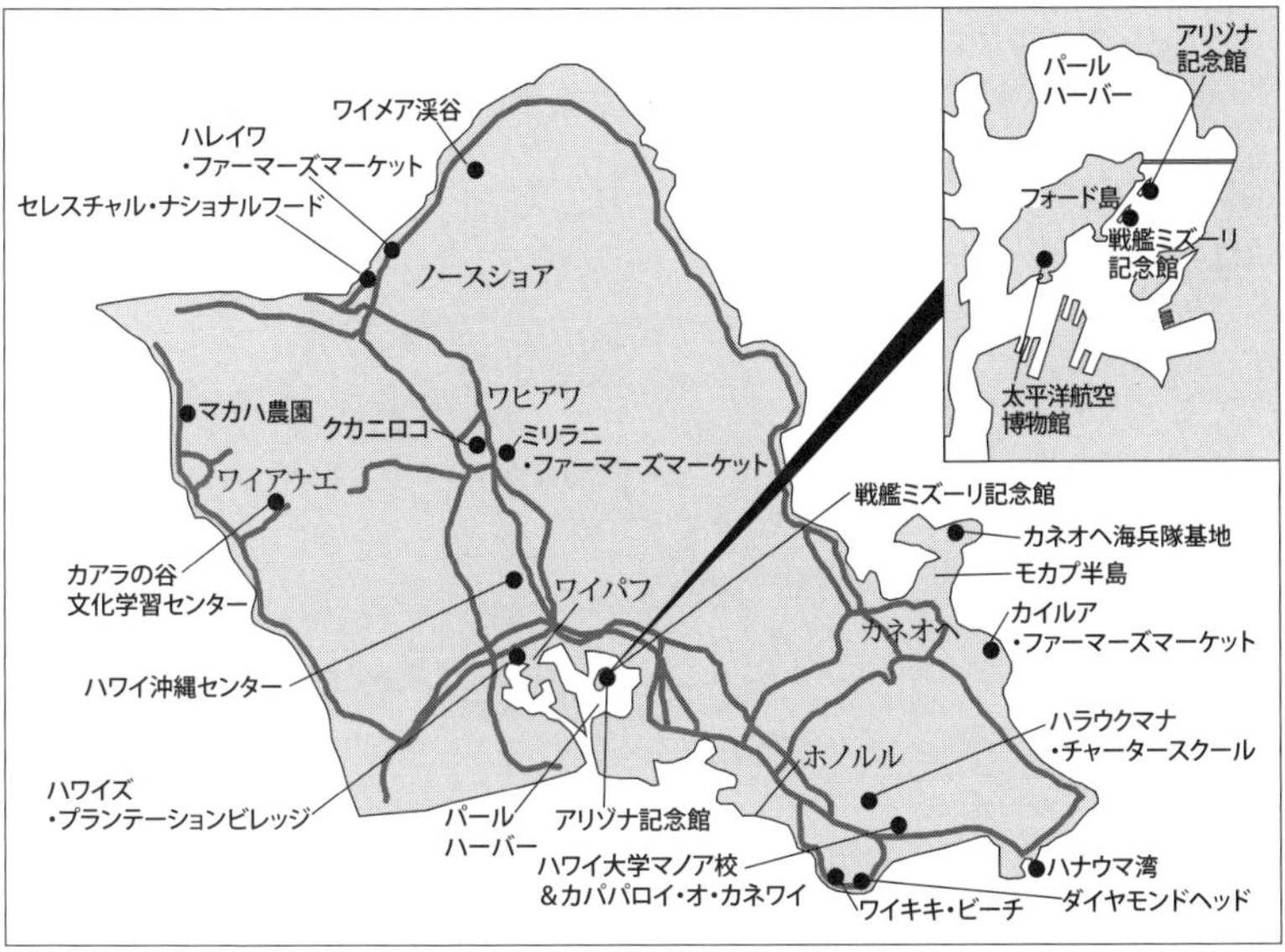
アリゾナ記念館
パール ハーバー
フォード島
戦艦ミズーリ記念館
太平洋航空博物館
ワイメア渓谷
ハレイワ・ファーマーズマーケット
セレスチャル・ナショナルフード
ノースショア
マカハ農園
ワヒアワ
クカニロコ
ミリラニ・ファーマーズマーケット
ワイアナエ
カアラの谷文化学習センター
ワイパフ
ハワイ沖縄センター
ハワイズ・プランテーションビレッジ
パールハーバー
アリゾナ記念館
戦艦ミズーリ記念館
カネオヘ海兵隊基地
モカプ半島
カネオヘ
カイルア・ファーマーズマーケット
ハラウクマナ・チャータースクール
ホノルル
ハワイ大学マノア校&カパパロイ・オ・カネワイ
ハナウマ湾
ダイヤモンドヘッド
ワイキキ・ビーチ

◆ホノルル

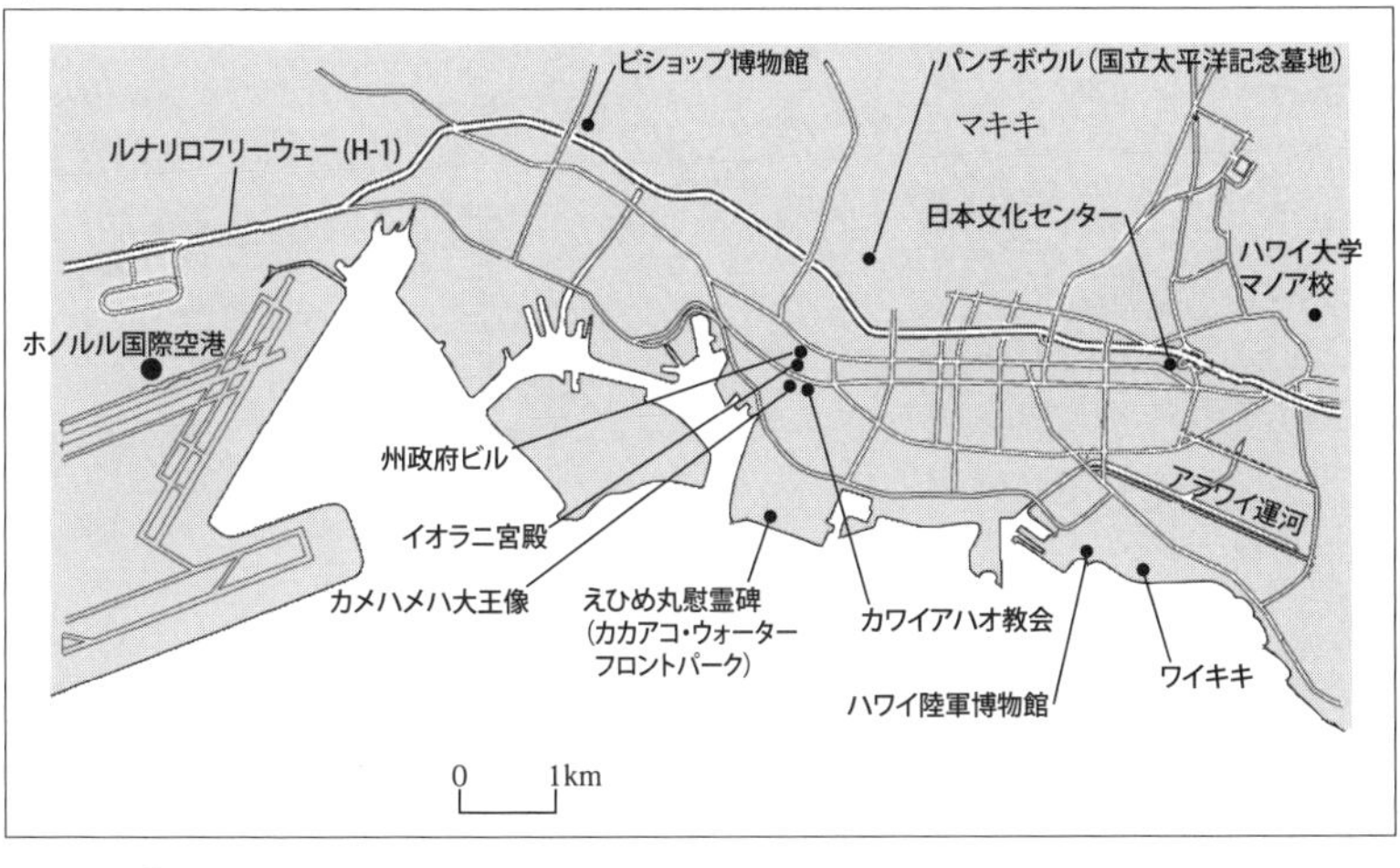
ビショップ博物館
パンチボウル(国立太平洋記念墓地)
マキキ
ルナリロフリーウェー(H-1)
日本文化センター
ハワイ大学マノア校
ホノルル国際空港
州政府ビル
イオラニ宮殿
カメハメハ大王像
えひめ丸慰霊碑(カカアコ・ウォーターフロントパーク)
カワイアハオ教会
アラワイ運河
ワイキキ
ハワイ陸軍博物館
0 1km

◆マウイ島

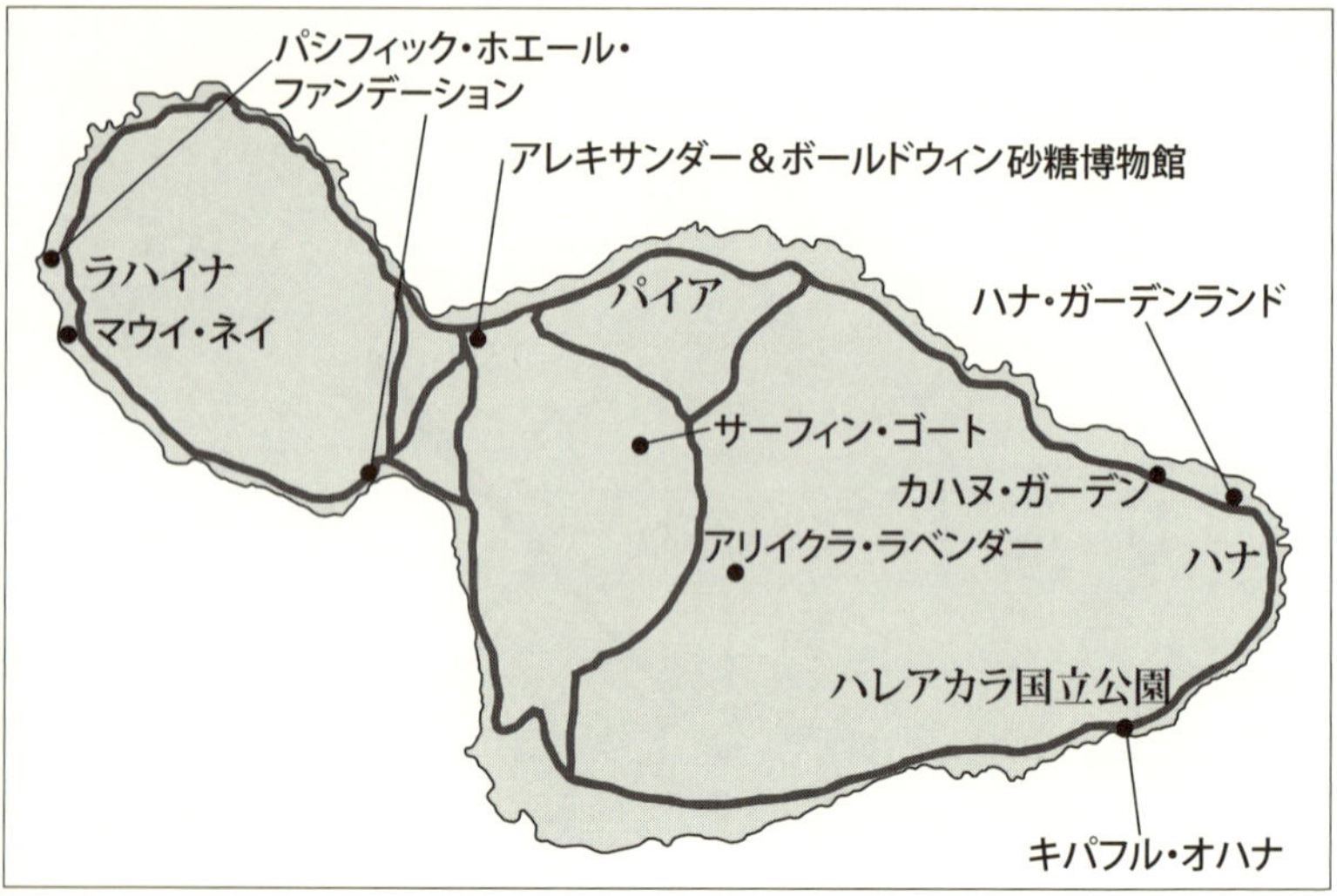
パシフィック・ホエール・
ファンデーション
アレキサンダー＆ボールドウィン砂糖博物館
ラハイナ
マウイ・ネイ
パイア
ハナ・ガーデンランド
サーフィン・ゴート
カハヌ・ガーデン
アリイクラ・ラベンダー
ハナ
ハレアカラ国立公園
キパフル・オハナ

◆ハワイ島

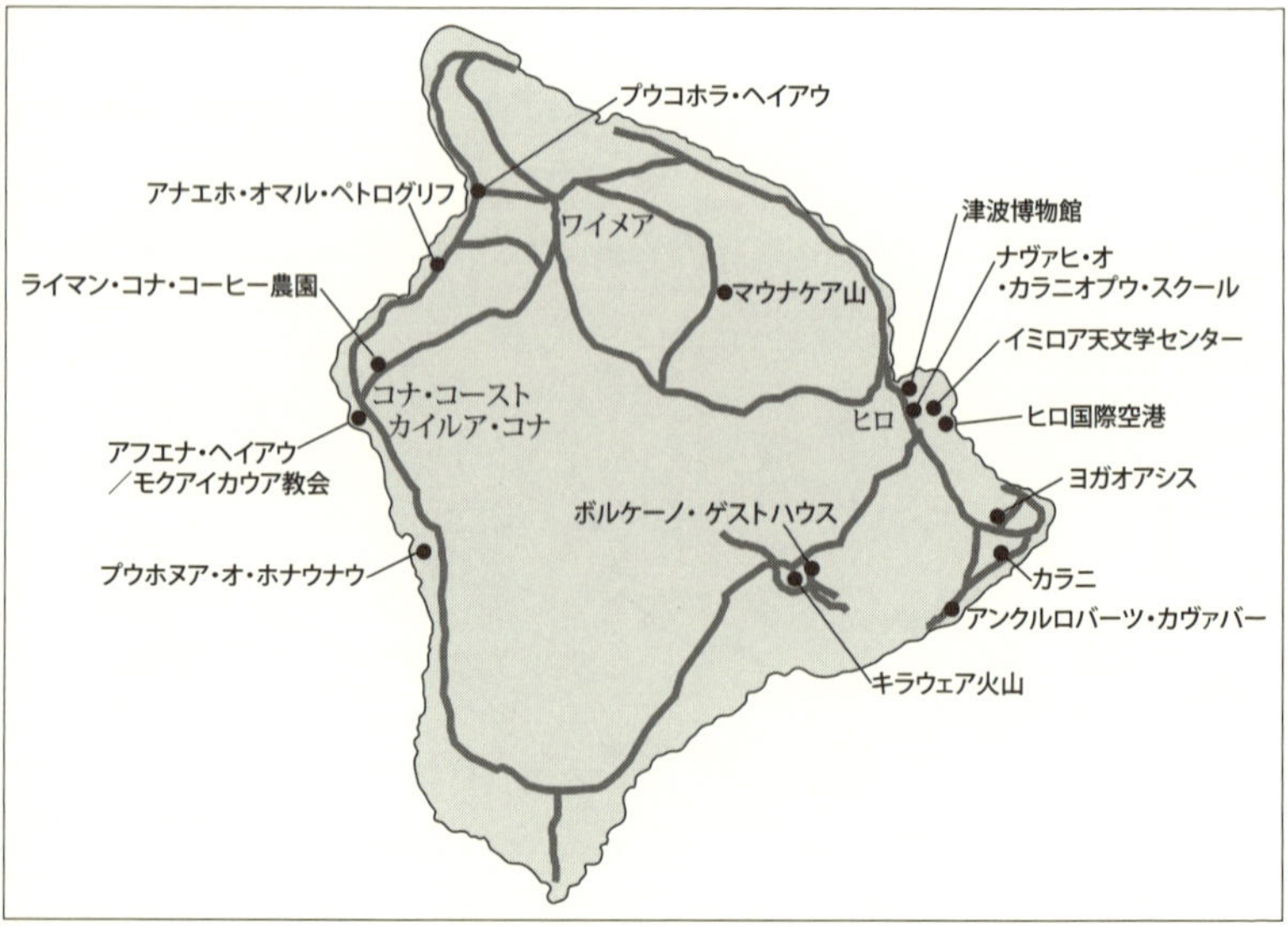
プウコホラ・ヘイアウ
アナエホ・オマル・ペトログリフ
ワイメア
津波博物館
ナヴァヒ・オ
・カラニオプウ・スクール
マウナケア山
ライマン・コナ・コーヒー農園
イミロア天文学センター
コナ・コースト
カイルア・コナ
ヒロ
ヒロ国際空港
アフエナ・ヘイアウ
／モクアイカウア教会
ヨガオアシス
ボルケーノ・ゲストハウス
カラニ
プウホヌア・オ・ホナウナウ
アンクルロバーツ・カヴァバー
キラウェア火山

はじめに

✻「虹の島」の灯篭流し

太陽が西に傾きかけたオアフ島・アラモアナビーチパークは、四万人以上の人で埋め尽くされていた。アメリカでは毎年五月の最終月曜日に、戦没者を追悼する記念日（メモリアルデー）を設けている。国民の祝日になるこの日、ワイキキビーチに近いこの遠浅の海岸では、灯篭流し（ランタンフローティング）が盛大に行われる。もともとは、亡くなった家族や友人を偲んで灯篭を流すという、日系人が持ち込んだ風習だったけれど、ハワイの人々が取り入れて、誰もが参加できるイベントになったものだ。今では地元の人を中心にしながら、大勢の観光客も楽しめるようになっている。ハワイではこのように、先住ハワイアンや移民してきた様々な民族の文化が取り込まれて、ハワイに暮らす人々みんなの文化になっていることが多い。ハワイが、色とりどりの文化がミックスされた「虹の島」と呼ばれる理由はそこにある。

ビーチにせり出した巨大なステージで繰り広げられるパフォーマンスも、混じり合う文化を象徴していた。日系人による和太鼓、マウイ島に暮らす白人ミュージシャンのウエスタンミュージック、先住ハワイアンのフラなどが次々と演じられる。踊られていたのは、観光客向けの派手に腰を振るフラではなく、かつての先住ハワイアンが神々に祈りを捧げるために踊ったフラ・カヒコ（古式フラ）と呼ばれるものだ。

ビショップ博物館のフラ・レッスン。日本でフラダンスと呼ばれている「フラ」は、ハワイ語で「踊り」を意味しているため、そこに「ダンス」を付けるのは本来ならおかしい。フラには様々な種類があるが、大きく分けて欧米人の到達以降に始まったフラ・アウアナ（現代フラ）と、伝統的なフラ・カヒコ（古式フラ）とに分けられる。オアフ島にあるビショップ博物館では、フラ・カヒコのレッスンを受けることもできる。

仏教の僧侶による読経が終わると、海岸に集まった人々が手に持つ灯篭を、浅瀬に浮かべていく。オレンジ色の淡い光を放つ灯篭は、ぽつりぽつりと岸辺から離れて、静かに打ち寄せる波間に漂っていく。大切な人を思い、涙ぐむ白人女性もいれば、お祭りのような雰囲気のこの時間を楽しむ先住ハワイアンの家族もいる。海を隔てた正面の山の稜線にゆっくりと夕日が沈み、夕闇が人々と静かに流れる灯篭を包み込んでいく。幻想的な光景だ。

美しい海と山、多様な人種の共存、そして各民族の文化が織り成す調和……灯篭流しのイベントは、ハワイの魅力そのものを象徴しているようにも思える。マリンスポーツやゴルフ、ショッピングを楽しめるリゾート地はほかにいくらでもあるのに、多くの日本人が今もハワイにひきつけられている要因の一つには、こうしたハワイならではの不思議な魅力があるのだろう。

でもハワイの魅力は、そうした「多民族が共存する虹の島」というイメージだけでくること

メッセージを書いた灯篭を、静かに打ち寄せる波に浮かべる

はできない。旅行ガイドには決して載らない「知られざるハワイ」を、視点を変えて見てみることにしよう。

❇ハワイか？　ハワイイか？

ラパ・ヌイ、アオテアロア、そしてハワイイ。これらは、よく知られた太平洋の島々の名前で、今も多くの先住民族はこの呼び名を使っている。どこのことだかわかるだろうか。ラパ・ヌイ（広い大地）は、モアイ像で有名なイースター島のこと。アオテアロア（白く長い雲のたなびく地）は、ニュージーランドのこと。そしてハワイイは、もちろんハワイのこと。この三つの島々を線で結んでみると、三角形ができる。それが地球の表面積の六分の一を占める、広大なポリネシア文化圏となる。タヒチやトンガなどを含むこの地域では、

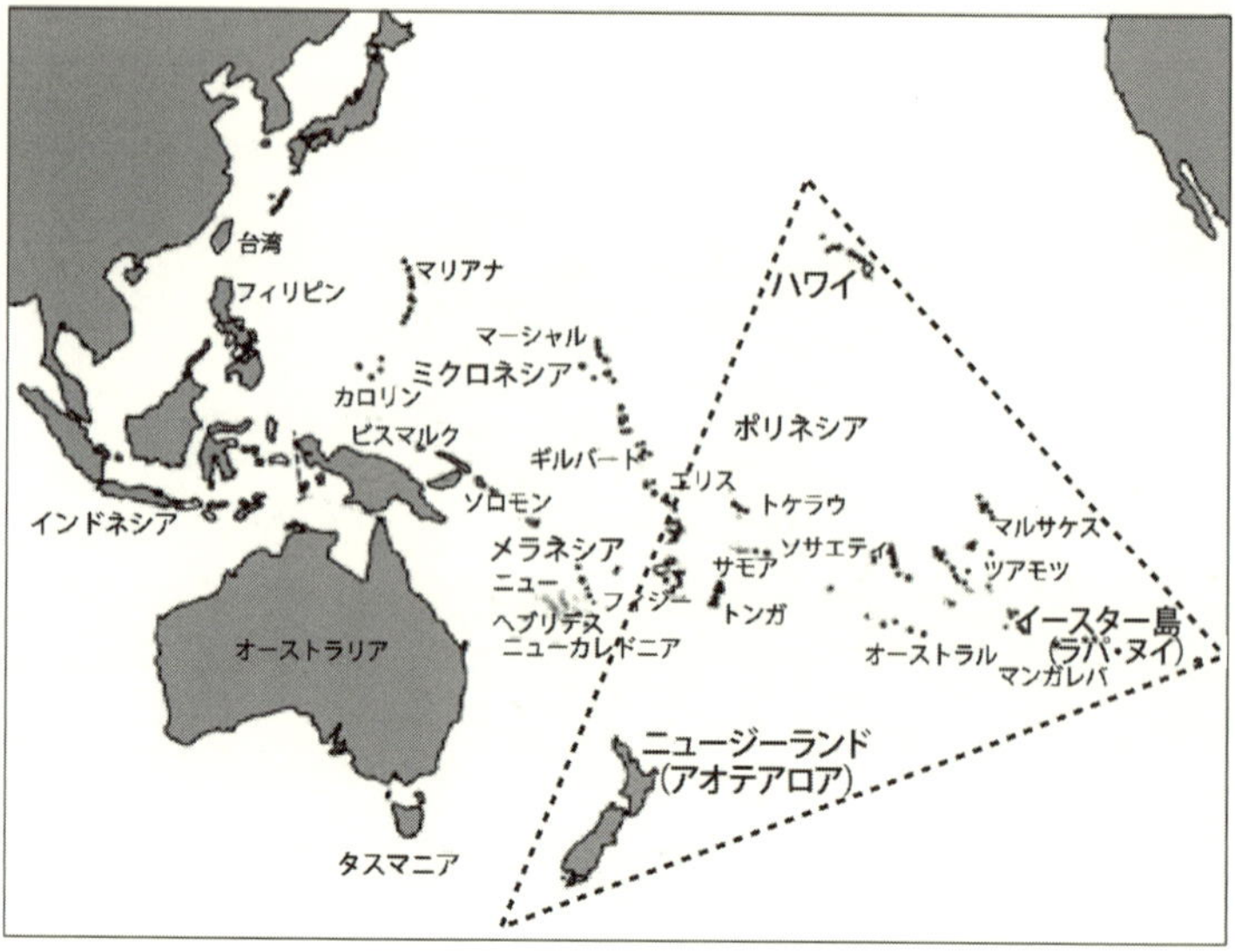

ハワイ、イースター、ニュージーランドを線で結んだポリネシア文化圏

古代からさかんに人々が移動して、交易、移住が続けられていた。だから、これらの島々の文化には多くの共通点が見られる。ただ、どの島からも遠く離れているハワイでは、次第に交流が途絶えて、自給型の社会を築くようになっていった。

近代になってやってきた欧米人は、これらの島々を「発見」して、次々と名前を書き換えた。キリスト教の復活祭（イースター）に「発見」したからイースター島。「発見」したオランダ人が、故郷のゼーラント州という地名に因んでつけたニュージーランド。そしてハワイも、キャプテン・クックが「発見」したとき、航海の支援者の名をとってサンドウィッチ諸島と名づけられている。

「サンドウィッチ」は定着しなかったが、

「ハワイ」というカタカナだって、正しいとは言えない。ハワイを英語でつづると「Hawaii」となる。最後にiが二つ並んでいるから、そのまま読めば「ハワイイ」となるはずだ。そしてハワイ語では、実際に「ハワイイ」もしくは「ハヴァイイ」に近い発音をする。これをアメリカ人が、英語式に言い換えた。日本人にとっての「ハワイ」は、そこから始まった。最近では、ハワイ語の復興とともに民族意識が芽生えたため、逆に「Hawai'i」と書いて最後の「イ」を強調するケースも増えてきている。

これまでほとんどの日本人は、イースター島やニュージーランド、そして「Hawaii」と書いて「ハワイ」と読むことに何の疑問も感じないできた。本書では、日本で一般的に使われている「ハワイ」という表記で統一したけれど、名称一つとっても、これまでのほとんどの知識が、欧米のフィルターを通してもたらされて来たことがわかる。逆に言うと、これまで常識とされてきたものとは異なる見方や考え方があることに気づけば、ハワイや世界との向き合い方は、ずいぶんと変わってくるということでもある。

❇「もうひとつのハワイ」と出会う

そんなことを考えるようになったきっかけがある。国際交流団体の仕事をしていた都合で世界各地を旅していたぼくは、「定番の観光リゾート」という印象が強いハワイにはあまり興味をもっていなかった。でも、二〇〇六年にハワイを訪れたときに見た光景が、そのイメージを一変させ

観光客でにぎわうワイキキビーチ

る。オアフ島で、夕陽に照らされたビーチを横目に車を走らせていたときだった。ビーチ沿いにはテントが並んでいた。初めはキャンプでもしているのかな、と思ったけれど、テントは何キロにも渡って延々と連なっている。よく見ると洗濯物が干してある。その横で、紙おむつ姿の赤ん坊を抱える大柄なお母さんが、途方にくれている。実はそこに住んでいるのはみんな、ホームレスだった。どこへ行っても日本人と出会うワイキキから、車で四〇分ほどのビーチに、これほど多くの家をなくした人が暮らしていることに驚いた。そして、自分がそんなことをまったく知らなかったことにも。

それだけではない。ハワイのホームレスには、先住ハワイアンの血を引く人々が多い。それは、彼らの多くが低所得者であることを意味している。その理由を、ぼくが出会った日系のバスの

◀日本人の結婚式用の写真撮影も行われる美しいビーチ（左・オアフ島カイルア周辺）。
▲しかし、そこから振り返ればホームレスのテントが並ぶ様子が見える（上）。

運転手は「彼らはナマケモノだから、貧乏なんだよ」と言った。確かに勤勉でよく働く日系人から見て、南国ののんびりした文化をもつ先住ハワイアンがそう見えてしまうのは仕方のない面もある。でも、本当はそれが貧困の原因ではない。もともと彼らの土地であったハワイで、先住ハワイアンが家をなくしている理由は、ほかにある。

「ハワイ」の呼び名と同じように、ハワイを訪れる人々はこれまでそこに目を向けようとしてこなかった。観光客にとって、ここは自分たちに都合の良い「パラダイス」であればよかったのだから、それも当然だろう。でもいつまでも無関心のままでいいのだろうか、とも思う。先住ハワイアンにとってのハワイは、観光客が思うような「パラダイス」なのだろうか。ぼくは、それを知りたくなった。

ハワイを訪れる日本人は、数年前より少なくなったとはいえ年間一五〇万人以上にのぼる。一日あたりではおよそ四千人が飛行機に乗ってハワイにやって来ている計算だ。その大半は、ホノルルのワイキキビーチで過ごし、ショッピングとグルメ、ゴルフやマリンスポーツを楽しんで帰っていく。最近では、フラのようなハワイアン文化も人気になっている。一方で、今生きている先住ハワイアンの暮らしに触れたり、思いを寄せる機会はほとんどない。これだけの日本人が旅行をしているハワイなのに、その「情報」はあまりに限られた範囲に集中してはいないだろうか。

二〇一〇年の四月に、ぼくは退職してフリーライターになった。そして五月から六月にかけてハワイを取材した。フリーとして最初の仕事にハワイを選んだ理由は、知っているようで実は知られていないこの島の別の面を、多くの日本の人に伝えたいと思ったからだ。ところが実際に取材をしてみると、ぼく自身が驚かされることばかりだった。

当たり前のことだけれど、ハワイでは、旅行ガイドでは取り上げない出来事がたくさん起きている。貧困に苦しむ先住民族がいる。基地はいらない、と声を挙げるグループがある。持続可能なエコツーリズムにチャレンジする人々や、次の世代のために種をまくファーマーもいる。彼らのように、様々な困難に直面しながらも、たくましく行動する人たちのことを知ってもらいたい。一人でも多くの人がひとつのイメージにとらわれない「オルタナティブなハワイ」や「もうひとつのハワイ」と出会うきっかけがつくれたらいい、そんなふうに考えながらこの本を執筆した。

ガイドブックには載らないハワイをめぐる旅へと出かける前に、ハワイ諸島の位置関係についておおまかに説明しておきたい。ハワイ諸島は、海底火山の溶岩によってできた大小一三〇ほどの島々と環礁からなる群島で、端から端までの長さはおよそ二四〇〇キロにもなる。ほかの大陸から遠く離れた海に、火山によってできたという性質上、人はもちろんだが、現在ハワイにいる動植物はすべて外からやってきている。島々の中で、人が住んだり、かつて住んでいたことのある島は八つで、通常ハワイという場合は、この八島をさすことが多い。私有地となっているニイハウ島と、米軍が射爆場として利用していたカホオラヴェ島は、基本的には観光客が訪れることはできない。訪れることのできる六つの島のうち、人口が極端に少ないラナイ島とモロカイ島（合わせた人口は約一万人）を除いた四つの島に、一三〇万人以上が集中して住んでいる。これら「主要四島」と呼ばれる島々は、日本に近い方から、カウアイ島、オアフ島、マウイ島、ハワイ島と並ぶ。中でも観光の中心ホノルルのあるオアフ島には、人口の八割以上が集中している（※1）。島と島の間の距離は比較的近く、飛行機で三〇分から一時間ほどで簡単に移動できる。

本書では、必然的にオアフ島の話題が多くなったけれど、観光も自然も楽しめる人気の高いマウイ島や、諸島の中で最も大きく「ビッグアイランド」の愛称でも親しまれるハワイ島についても、ユニークな取り組みを紹介している。また、ハワイの旅に本書を持って行くという方のために、各章で紹介している旅行者が訪問できる施設や、本文では触れられなかったお薦めの場所について、巻末の「もうひとつのハワイ」を歩くガイドにまとめたので、参考にしていただきたい。

なお本書では「ハワイアン」（※2）という言葉を、今現在ハワイに暮らしているハワイ州住民のことではなく、ポリネシア系の先住民族とその子孫という意味で使っている。また、登場するデータや人物の年齢などは、二〇一〇年六月時点のものである。

それでは「楽園」のもうひとつの姿をめぐる旅に出かけてみよう。

※1　**ハワイの人口**＝二〇一〇年四月一日現在、一三六万三〇一人（アメリカ国勢調査）で、一〇年前の調査から一二％以上増えている。その八割以上の約九〇万人がオアフ島に住んでいる。

※2　**ハワイアンの呼び方**＝先住ハワイアンをさすことばは多様で、「カナカ・マオリ」という民族名が用いられる場合もある。しかし、ハワイでは混血が進み、運動を進める先住ハワイアンの中でもそのアイデンティティは複雑に分かれている。本書では、先住ハワイアン自身が自分たちのことを呼ぶ、最も一般的な「ハワイアン」という呼び方で統一している。ただ、それがわかりにくいと感じる場合に、「先住ハワイアン」としているケースもある。いずれも、ハワイ先住民族とその子孫の意味であると理解していただきたい。

I　先住ハワイアンから見たハワイ
——アロハ・アイナのココロ

カメハメハ大王ゆかりのハワイ島、アフエナ・ヘイアウ

❇「ハワイポノイ」――ハワイはアメリカではない？

「ハワイポノイ」という歌がある。「誇り高きハワイの民よ……」という詞で始まるこの歌は、カメハメハ大王が築いたハワイ王朝への忠誠を誓うものだ。ハワイの州歌にもなっているので、セレモニーなどで聴くことがある。ぼくは、この歌を初めて聴いたときのことが忘れられない。

二〇〇六年の夏、ぼくは国際交流を行うＮＧＯのスタッフをしていた。そして「普通の観光からは見えてこないハワイを学ぶ」という主旨のスタディーツアーに同行した。そこで、ハワイの子どもたちにアメリカ式の教育ではなく、先住ハワイアンの歴史や文化を教えているという、風変わりな学校を訪れている。

学校ではぼくたち日本から来た三〇人の参加者を前に、一五人くらいの子どもたちが、歓迎の挨拶と歌を披露してくれた。なにより驚かされたのは、一〇歳くらいの女の子のスピーチの内容だった。

「みなさん、ようこそハワイへ。普通なら、ここで歓迎のしるしにアメリカ国歌を歌うのでしょう。でも、私たちはアメリカ人ではないし、ハワイもアメリカではありません。このハワイは、かつて独立した国でした。そしてアメリカに国を奪われて、今も占領された状態が続いています。だから私たちは、アメリカ国歌ではなく私たちハワイの国歌でみなさんを歓迎します」

そう言って、彼女たちが歌ってくれたのが「ハワイポノイ」だった。ぼくは、子どもたちの熱唱を聴きながら、「占領」とか「ハワイはアメリカじゃない」といった、あまりにこれまで日本人が知っていたハワイとはかけ離れた言葉にとまどっていた。ハワイ王朝といっても、カメハメハの時代なんて昔の話じゃないのか。それをなぜ、二一世紀の子どもが、自分の問題であるかのように語るのだろうか。

旅を始めるにあたって、まずはハワイアンの歴史や文化について探ってみようと思ったのは、このとき受けた印象が強烈だったからだ。現在のハワイアンは、どのように歴史を受けとめ、次の世代に引き継いでいるのだろうか。それを探りに行った。

星条旗（上）とハワイ州旗（下）。1845年に制定されたハワイ王朝の旗は、現在もハワイ州の州旗として用いられている。白、赤、紺で彩られた８本のストライプは、ハワイの８つの島を表す。当時のイギリスとの強い結びつきを示すように、ユニオン・ジャックが入っている。

❇タロイモ畑はぼくらの家族

道路から谷をのぞくと、鮮やかな緑色をしたハート型の葉っぱが風にゆれていた。その間を流れる水が、降り注ぐ太陽にきらめいている。眼下に広がっているのは、タロイモ畑だ。ここが大学のキャンパスだとは、言われなければ気づかないだろう

ハワイ大学ハワイアンスタディーズの敷地にあるタロイモ畑。

な、と思う。

「ハワイアンの歴史や文化について調べているなら、ハワイ大学のヒアポに会っておいた方がいい」

知人からそう言われて訪れたのは、オアフ島のワイキキビーチから車で一五分ほどのところにある、ハワイ大学マノア校だ。ハワイで最も学生数が多いこの大学では、およそ一万八千人が学んでいる。そして、緑豊かなキャンパスの広々とした敷地のはずれにあるのが、「ハワイアンスタディーズ」というこの学校独自の学科だ。

ハワイアンスタディーズでは、先住ハワイアンの歴史や文化を研究している。ここで学んだことで、先住ハワイアンとしてのアイデンティティに目覚めたという若者は多い。逆に言えば、ハワイアンの歴史や文化について、きちんとした教育をしている学校がまだまだ少ない現実も意味している。

その学科の敷地にあるタロイモ畑で、ヒアポと待ち合わせをすることになっていた。でも待ち合わせの時間まではまだ少しある。これまでのぼくの経験では、南の島の住人の時間感覚がいかにあてにならないかを思い知らされていたので、散歩をしながらのんびり待つことにした。

先住ハワイアンにとってもっとも大切な食べ物は、長い間このタロイモだった。タロイモは里芋の一種で、太平洋の各地の島々で、主食として食べられてきた。ハワイアンはタロイモを「タロ」もしくは「カロ」と呼び、親しんできた。だから先住ハワイアンの暮らしを知りたければ、タロイモ（以下「タロ」）のことを知るべきだと誰もが言う。タロはある時期ハワイからなくなりかけたけれど、一九七〇年代以降に起きたハワイアン文化の見直しを受けて、今では生産が追いつかないほどの人気になっている。

畑の周辺で目立つのは、「ハレ」と呼ばれる伝統的な草葺きの家だ。二〇人は入れそうな三角屋根の中には、グラスファイバー製の双胴のカヌーが格納されている。カヌーは、ハワイを含むポリネシアに暮らす人にとって特別な意味をもっている。カヌーによる航海が、広大なポリネシアにちりばめられた島々をつなげてきたからだ。最初にハワイに人が渡ってきたのは、三世紀から五世紀の間だと考えられている。さらに一〇世紀前後には、タヒチを中心とする島々から大型のカヌーに豚や鶏などの家畜、タロやバナナなどの食用の植物を積んで、多くの人が移住してきた。そして一二世紀ごろには、すでに大きな社会を築いていたとされている。

ハレに格納された双胴のカヌー

四方を海に囲まれたハワイ諸島は、まとまった数の人々が住んでいる場所としては、地球上で最も孤立している。最も近いカリフォルニアまで約三八〇〇キロ、ポリネシアの島々の中心部からも四千キロ以上離れている。今では飛行機で簡単に行き来できるから、それほど遠く隔たっている感覚はないかもしれない。でも電気やガソリンはもちろん、羅針盤もコンパスも航海図もない時代に、人々はこうした小さなカヌーで大海原を渡り、星と風を読むスターナビゲーションを駆使して、このハワイにたどりついた。そう考えると、つくづく人間の力はすごいと思う。

そんなことを考えていると、ぼくの失礼な予測を裏切って、ヒアポは時間ピッタリにやってきた。大きな体を揺するように歩く姿が印象的な、ハワイアンのマカヒアポ・キャッシュマン・ジュニア（四二歳）。彼は、この畑を管理するNPO「カパパロイ・オ・カネワイ」のディレクターであり、ハワイ大学の職員でもある。「ロイ」とはタロ畑のことで、「カネワイ」はここの地名だ。

「このタロ畑は、ぼくにとって家族と同じなんだ」と語るヒアポに案内してもらう。畑といっても、ハワイのタロは、里芋畑とは違って水田のように水を引いて育てる種類が多い。だから見た目は田んぼのように見える。ここでは、一枚の田んぼごとに生育の段階を変えている。また、現在ハワイにある六九種類のタロのうち、六〇種類を栽培している。確かに、よく見れば茎の高低や、葉の大きさ、色合いなどそれぞれに特徴が違う。「エレパイオ」というハワイの鳥の名を持つタロや、「ペレの煙」という火山の女神ペレに関連する名の黒い茎のものもある。「ペレの煙」は薬に用いられている。

「いろんな種類があるのが大切なんだ。それぞれに役割が違うし、病気になっても全部がやられることはないからね。でも、かつてタロは三〇〇種類以上あったんだよ。それが六九にまで減ってしまったのは残念だね」

ヒアポに、「ハワイアンのことを知りたければタロを知れば

ヒアポとタロ畑。畑の広さは全体で１エーカー（およそ64メートル四方）。タロ畑としては大きくないけれど、教育の場としては十分な広さだ。

いい」と言われる理由を尋ねると、彼はハワイの天地創造神話である『クムリポ』の話をしてくれた。『クムリポ』は、タロとハワイアンとの特別なつながりについて次のように記している――まだ人間ができる前、父なる空「ワケア」と、母なる大地「パパ」の間に生まれた子どもがハワイの島々だった。さらに、別の子が生まれた。それは人間の先祖となるはずの子どもだった。しかしその子には手足がなく、すぐに死んでしまった。父と母はこの子を地面に埋め、そこからタロが生えてきた。そして二番目の息子が生まれる。彼はハワイで最初の王となり、ハワイアンの先祖となった。だからハワイアンからすれば、タロは先祖であり兄となる。ハワイアンは、その兄の面倒をみなければいけないし、タロからするとハワイアンは弟なのだから、ちゃんと食べ物を与えて養わなくてはいけない。ハワイアンとタロには、そんな深い結びつきがある。

結びつきの強さは、タロの部分を示す言葉にも表れている。タロの根っこはマクアと呼ばれる。マクアとは、ハワイ語で「親」も意味する。また根っこから出ている小さな子イモは、ケイキと呼ぶ。ケイキは人間の子どものことだ。こうして神々を通じた、人間と主食とのつながりは現在も大切にされている。そういえば、日本でも「お米のひと粒ひと粒に神様が宿っている」と言われてきた。タロは単に主食というだけではなく、日本人にとってのお米のような存在なのかもしれない。

✿アロハ・アイナ＝土地を愛そう

タロを育てるには、土と水が欠かせない。水は、近くの川から流れを引いてすべての田んぼを通り、また川に戻る循環システムになっている。「だから農薬なんて使えない。水を使う人には汚染をしない義務もあるんだ」とヒアポは言う。この土地の「カネワイ」という名前も水と深く関わっている。ハワイの神話では、カネという大地の神様がここを旅していたとき、穴を掘ったら水が吹き出した場所だとされているからだ。水はハワイ語で「ワイ」と言うので、「カネの水」、「カネワイ」と名づけられた。

そもそもハワイには、ワイという名のついた土地が多い。やはりかつてタロ畑だったワイキキは、ぶくぶくと水が湧き出る所という意味だ。ほかにもワイパフ（噴出する水）、ワイピオ（曲がりくねった水）、ワイメア（赤い水）など、それがどんな種類の水なのかを表現している。ワイが二つ並んで「ワイワイ」と言うと「豊かな」という意味になる。かつてのハワイアンにとって、豊富な水とタロ畑が「豊かさ」の象徴だったことがわかる。

ここカネワイでは、一五世紀前後にはタロを栽培するシステムができあがっていた。肥沃《ひよく》なカネワイの土地は王族にも人気があり、カメハメハ大王がオアフ島を制圧した際にも、この土地が側近への褒美《ほうび》として与えられている。ところがその後、サトウキビ栽培の広がりとともに水は枯れ、やがて荒れ果ててしまう。

忘れ去られていたこの場所が発見されたのは、一九八〇年代になってからだ。ここに水路のような石組みを見つけたハワイアンの学生ケオニ・フェアバンクスは、タロ栽培の達人である長老のアンクル・ハリーに相談を持ちかけた。するとハリーはすぐに、ここがかつてのタロ畑であったことを見抜く。その後、ハリーは学生たちにタロ作りを教えながら、外来の植物が繁茂していたカネワイを開拓していく。彼らは周囲にバナナやククイなど伝統的な作物を植え、ハレ（伝統的な家）を建て、地域の人々の憩いの場所に変えていった。

ハワイ大学マノア校のキャンパスセンターの入り口には、カネワイのタロ畑を発見した学生たちと、アンクル・ハリーの姿が描かれている。

ヒアポ自身も学生時代からここに関わり、カネワイのタロ畑が広がる姿を見つめてきた。そしてハリー亡き今では、ヒアポが畑を守っている。大学の職員でありながら、一日のほとんどをタロ畑で過ごしているヒアポ。彼はこの畑で体験授業を行い、教室では学べないことを学生に伝えている。ここを訪れるのはハワイ大学の学生だけではない。地域の人やほかの学校の生徒など、年間一万五千人がやってきて、ハワイアンの伝統を学ぶという。

　やってくる若者たちにヒアポがよく伝えているのは、アンクル・ハリーが大切にしていた三つのことだ。

　一つ目は、ここをハワイアンだけのものではなく、誰にとっても安心できる場所にしていくということ。二つ目は、たくさんの手で団結すれば、大きな仕事を成し遂げられるということ。そして三つ目が、アロハ・アイナ（土地を愛そう）である。

「このタロ畑は、人々がすごく安心できる場所だ。ぼくが妻と出会ったのもここだったし、二人の娘たちも小さい頃からこの土地に触れて育ってきたんだ。ぼくの家族だけではなく、大勢が家族ぐるみで関わっているよ。彼らにとってカネワイは人生の一部なんだ。タロ畑をケアをすることで、与えられることも多い。この場所を維持するのは資金とか大変なこともあるけれど、大切なのはお金ではなく、アイナ（土地、大地）があることだ。ぼくはこれからもこのアイナを守っていくよ」

ヒアポはそう言って、陽光を受けてのびのびと育つタロイモたちに目を細めた。アイナのアイは「食物全般」をさし、ナは「属している」ことを示すハワイ語だ。「食べ物を養ってくれるところ」を意味するアイナという言葉は、ハワイアンにとって、ただ土地を示すのではなく、家族や共同体とともにある生命そのものを意味している。もちろんそこには、欧米人の考えるような「所有したり、売り買いできるもの」というコンセプトはない。「アロハ・アイナ」も、ただ「ふるさとや家族を愛する」という、いわゆる「郷土愛」のことではない。土地をきちんとケアし、その土地に養ってもらうという関係をつくることを意味している。ハワイアンの生活は、このように土地とともに育まれてきた。その土地が奪われてしまったことで、彼らの生活は劇的に変化していくのだけれど。

ワイアナエの風景。海岸沿いの道にはこうした険しい山の峰がいくつも現われる。

✻アフプアア——ハワイアンの命の舞台

オアフ島の主要な高速道路であるH―1ハイウェイを通って、ホノルルから島の西側の海岸に抜けると、大相撲で活躍したKONISHIKIの故郷、ナナクリにたどりつく。そこからさらに海岸線を左手に眺め、北へと車を走らせる。すると道路沿いには、すぐ近くまで切り立った山肌が迫ってくる。この一帯は、約四万人の住人のほとんどが先住ハワイアンであるワイアナエ海岸だ。リゾート施設のないこの地域で、観光客を見かけることはない。それだけにオアフ島の中で、のどかな田舎町の雰囲気を味わえる数少ない場所だ。一方で、ワイアナエはハワイ州で最も生活保護受給率の高い貧困地域でもある。高い失業率や家庭内暴力、ドラッグやアルコール中毒の蔓延など、深刻な社会問題を抱える人は多い。だから当然、ハワイアン以外の住人からの評判はあまり良いものではない。そして、かつてぼくが衝撃を受けたホームレスのテントが並んでいるのもこの海岸だ。

ワイアナエを車で走っていると、次から次へと峰が現れる。このハワイ特有の地形は、ヒアポが語ってくれた「アロハ・アイナ」の思想と深くつながっている。ハワイの山々を空から眺めてみると、一つの長い尾根から何本もの峰が、ギザギザに海に向かって突き出しているのがわかる。この形は、火山の噴火によってできた台地が、雨や川の流れによって浸食されてできたものだ。山に降った雨が滝となり、森の栄養分を含んだ水は川となって海へと注ぎ込む。そして、周囲を山々と海に囲まれ、川が流れる平地がいくつもできる。細長いこの三角形の平地は、ハワイ語でアフプアアと呼ばれ、人々が集落をつくる生活共同体の基本形となっていた。

かつてのハワイアンはアフプアアに家を建て、タロやパンノキ、バナナを植え、ブタを飼った。それらの食材は、イム（かまど）で蒸し焼きにして調理された。また、森で家やカヌーになる木材をとってきたり、食物や薬を調達した。彼らは魚の養殖についても高度な技術を持っていて、アフプアア周辺では養殖池の跡地が多数見つかっている。ハワイアンにとって土地や山や水は、支配するものではなく、共存してその恵みをいただく存在だった。かつてのハワイは、このようなアフプアアがいくつも集まって構成される持続可能な社会だった。

とはいっても、昔のハワイがユートピアだったわけではない。階級制の下に差別もあったし、生活を細かく規定する、「カプ」という宗教的な禁忌（タブー）もあった。カプを破っ

アフプアアのイラスト。上方に山があり、森を伝って川は海に注ぐ。その間に人々の集落がある。

ハワイ島コナの近くにあるプウホヌア・オ・ホナウナウ。カプ（タブー）を犯したものが最後に逃げ込む場となっていた「避難の神殿」。他にも体の弱い者や孤児など、社会的弱者にも生活の場を与えていた。カプには、女性は男性と一緒に食事をしてはならない、女性は肉を食べてはならないなど、生活を細かく規定するものが多かった。現代の感覚からすると理不尽なものも多い。

た者は殺されることもあった。ハワイ各地には「アリイ」と呼ばれる王様がいて、王の周辺には貴族や神官などの特権階級がいた。それぞれのアフプアアを運営するのは、アリイから任命されたコノヒキという首長たちだった。しかし土地はコノヒキの自由にしていいというわけではない。彼らは、一般の人々が暮らしていけるように、水や食料、土地などの管理を任されている存在だった。だからうまくいかなければコノヒキは交代させられてしまう。アリイ同士の戦争もあった。しかしながら自分の地域のアリイが負けたからといって、庶民が土地を追い出されるようなことはなかった。ハワイではこうして、土地を中心にした比較的安定した暮らしが、千年近く続けられていた。

カアラの谷の遠景。先住ハワイアンの小宇宙が広がっている。

❇学びと癒《いや》しの谷・カアラ

現代のハワイアンが、アフプアアの暮らしを再現している場所がある。それが「カアラの谷」だ。オアフ島の西側を縦断するワイアナエ山脈。その最高峰であるカアラ山の麓には、かつて広大なアフプアアが広がっていた。近代に入るとカネワイと同じように荒れ果てていくのだけれど、ここを発見したハワイアンが開拓して、現在は小学生の教育から、麻薬中毒患者のリハビリまで行う、地域の学習センターとして活用されている。

ワイアナエ海岸から山側の道に入り、未舗装のでこぼこ道を揺られていくと、めざすカアラの谷が広がっている。ゆるやかな斜面には伝統的な家・ハレが建ち、遠くに見下ろす海はきらきらと輝いている。三方を囲む険しい山々には幻想的な霧がかかり、パイプから引かれた水がきれいに整備されたタロ畑に流れ込んでいる。雄大な景色に心を奪われてふと空を見上げると、いつの間にか霧は晴れわたり、大きな虹が山と山との間をつなげている。カアラに来るのは初めてではないけれど、ここの風景に接するたびに、自然に根ざしたハワイの神々の物語が生ま

ブッチ・デトロイ。1997年に妻のプアが亡くなってからは、カアラに作った慰霊碑（右手奥）を毎日花で飾っている。

れてきた理由が、わかるような気がする。

迎えてくれたのは、ブッチ・デトロイ（六二歳）だった。タロ栽培のエキスパートとして、この谷で多様な品種のタロを育てているブッチは、カアラを運営するNPO「カアラの谷文化学習センター」のスタッフだ。ブッチはアメリカ本土出身の白人で、ベトナム戦争に従軍したことがある。退役後は、間違った戦争に参加した自分の愚かさを悔やんだ。傷ついた彼が逃げるようにしてやってきたハワイで出会ったのが、後に妻となるハワイアンのプアだった。プアからハワイの文化を学ぶ過程で心を癒されていったブッチは、タロ栽培を始めるようになった。そして現在は、このカアラでハワイアンの若者を対象に、アフプアアの話をしたりタロ作りを教えている。二〇年以上にわたり、強い日差しを浴びながら黙々と働いてきたブッチは、アフプアアで暮らしていた人々のことを、とても活き活きと語る。

「ハワイアンは、自分の先祖をさかのぼることができた。それは自分がどこから来て、何者であるかを知っているということだ。文字はなかったけれど、植物の利用の仕方や、病気の治し方を知っていた。そして彼らは大地と水がある限り、サバイバルすることができた。今はどうだろう？

便利なテクノロジーはたくさんあるけれど、電気が止まったらパニックになるよね？　ぼくたちはテクノロジーを持った自分たちの方が優れていると思い込んでいるけど、実は彼らに学ぶことはたくさんあるんだ」

ブッチは、この谷が復興したときの話を紹介してくれた。カアラの開墾を始めたのは、ブッチの友人であるエリック・エノスたち、ハワイアンのグループだった。一九七八年、ハワイアンとしてのルーツを見つめ直す運動を始めたエリックは、少年院帰りの若者たちとともに、カアラでハワイアンの子どもたち向けのキャンプを始めた。そこで彼らは、たまたまタロ畑の跡を発見した。調べてみると、タロ畑がハワイアンにとって大切な場所だったことがわかった。そこで、タロの育て方など知らなかったけれど、自分たちで栽培してみることにした。タロを育てるには何より必要なのは水だ。水源は一マイル（約一・六キロ）も離れていたので、まずは水道局に水をひくようにと頼んだ。ところが返事はNO《ノー》だったので、エリックたちは水源から勝手にパイプをひいて、タロ栽培を始める。すると役所は、「水を不法で利用するのはやめなさい」という警告を出してきた。エリックたちはそこであきらめなかった。彼らは昔の資料を徹底的に調べあげ、一〇〇年前に作成された古い地図を探し出す。その地図には、カア

訪問者にタロの植え方を教えるブッチ（photo:宇野八岳）

タロをすりつぶすブッチ。タロイモはそのまま蒸して食べるわけではなく、すりつぶして「ポイ」というドロドロの状態にして食べる。ポイは薄紫色で、食べるとほとんど味がしないが、慣れてしまえばどんな料理とでも合う。日本人にとっての米と同じだ。(photo:宇野八岳)

ラにタロ畑があったという証拠が記されていた。エリックがそれを見せて「奪われた水を取り戻して何が悪いのか」と州政府に詰め寄ると、使用をやめろと言われなくなったのだという。

こうして、「カアラの谷文化学習センター」は幕を開けた。今では小学生から高校生までがアフプアアの暮らしを学びに来ている。子どもたちは、ここで泥に足を踏み入れてタロを植えたり、ハワイ固有の植物のことを学びながら、祖先とのつながりを感じている。またカアラでは、薬物中毒患者の改善プログラムも行われている。それまで刑務所と路上生活しか知らなかったような若者が、祖先の暮らしを体験することで、生まれ変わったように変化をとげる人もいるという。ブッチは、ハワイアンの多くが家庭崩壊や、犯罪やドラッグにはまっていることについてこう語る。

「責任は彼らだけにあるわけじゃない。問題は、彼らの祖先が土地と水を奪われたことにある。ルーツをなくした人々が、何のつながりもない都会に出て、ドラッグやアルコールに手を出してしまったんだ。昔はアフプアアの共同体で暮らしていたのに、コミュニティと個人が切り離されたことですべてが変わってしまったんだよ」

　ここまでヒアポやブッチの話を聞いてきて、豊かなアフプアアの暮らしがどうして失われてしまったのか、そして現在のハワイアンに、そうした文化がなぜ受け継がれなかったのかという疑問が湧いてきた。こうした疑問を解くカギは、どうやらハワイの歴史にあるようだ。それは後で触れるとして、ブッチに気になっていたことを尋ねてみた。白人であるブッチが、先住ハワイアンに彼らの伝統文化を教えていることをどう思っているかということだ。

「そうだね。大事なことは、ぼくが何かを教えているわけではないということだ。教えのほとんどは、このカアラの土地そのものから来ていて、ぼくはそれを伝える存在でしかない。ここには彼らの祖先の骨が埋まっているのだから、ここをリードしていくのはハワイアンだ。でも一方で、ぼくは自分が白人だからここにいるのかもしれないとも思う。白人は、歴史上ハワイアンからいろいろなものを奪ってきた。だからぼくはみんなと一緒に働いて、奪われたものを取り戻していこうと思っているんだ」

　二〇一一年現在、カアラで開墾されている土地は八エーカー

カアラでは、木の皮をたたいて伸ばし、ハワイアンの服（カパ）を作るワークショップも行われている。（photo:宇野八岳）

（約九八〇〇坪）。これでも今あるタロ畑の中では広い方ではあるけれど、カアラ全体では、その一〇倍以上の広さがある。水もお金も足りていないという困難な状況ではあるけれど、彼らは自分たちのセンターをさらに広げていこうとしている。

カアラの谷文化学習センターが、大切にしている言葉がある。

一年後のことを考えるなら、タロイモを植えよう
一〇年後のことを考えるなら、コアの木を植えよう
そして一〇〇年後のことを考えるなら、
子どもたちにアロハ・アイナを教えよう

コアの木とは、かつてのハワイアンがカヌーや家を作っていたハワイ原産の木で、タロと同様彼らの暮らしには欠かせない植物だった。子どもたちや若者に、アロハ・アイナを伝え続けているブッチ。彼らは、一〇〇年後のことまで考えながら、アフプアアをもう一度活性化させて、断ち切られた人々のつながりを取り戻したいと考えている。

❇カメハメハ大王と欧米人

毎年六月一一日、カメハメハ大王の偉業をたたえる「キング・カメハメハ・デー」が開催され

る。二〇一〇年は、カメハメハによるハワイ統一から二〇〇周年の年で、この日、ハワイ出身のオバマ大統領は大王を讃《たた》え「米国を挙げてこの日を祝うように」と声明を発表した。ホノルルのダウンタウンにある、金色のマントを羽織ったカメハメハ像も、鮮やかなレイで飾りつけられた。

カメハメハは古代の人物のようなイメージを持たれているが、彼がハワイを統一した一八一〇年は、そろそろ日本が幕末を迎えるころである。彼の王朝が欧米の白人たちのクーデターによって倒された年は、日清戦争の前年だ。つまりハワイに独立した王国が存在していたのは、それほど昔のことではない。ここで、カメハメハに始まるハワイ王朝の歴史を振り返りつつ、タロ畑とともにあったハワイアンの生活が、どのように変化していったのか見ていこう。

ホノルル郊外に、ハワイ王朝の歴史をたどるのに最適な場所がある。ハワイとポリネシアの自然や文化、歴史に関する二〇〇万点以上の収蔵品

ホノルルにあるカメハメハ大王像。顔立ちは西洋風に作られている。

カメハメハ・デーのパレード。街は華やかな雰囲気に包まれる。
（photo:木高香奈絵）

ハワイ王朝の収蔵品を収めたビショップ博物館。

を誇るビショップ博物館だ。一九世紀末、カメハメハ王家直系の、最後の子孫であるバーニス・パウアヒ王女は、その莫大な遺産をハワイの子どもたちのために使いたいと願いながら、亡くなってしまう。その遺志を継いだ夫のチャールズ・ビショップは、遺産を使ってハワイアンの子どもたち向けの学校、カメハメハ・スクールを設立した。同じ敷地に建てたのが、今や全米五大博物館にも数えられているこのビショップ博物館だ。

ハワイアンについて展示されているのは、巨大なクジラのレプリカが印象的な三階建ての本館だ。実はこの博物館は、ハワイ王朝の歴史を単に過去のものとして展示しているとの理由から、これまでハワイアンの活動家からの評判は芳しいものではなかった。しかし、複数のハワイアン

ビショップ博物館内。古代の神々が祀られている1階、農耕や漁業について学べる2階、そして王朝の歴史や現代までの時代背景が展示されている3階と分かれている。

の団体の意見を取り入れた大規模な改装を二〇〇九年の夏に終えてからは、評価が変わりつつある。展示品には、英雄カメハメハにまつわる品々も少なくない。彼が身につけていた羽毛のマントや当時の武器なども見ることができる。

カメハメハが優れた戦士であり、政治的リーダーであったことは間違いない。しかし彼がハワイを統一した背景には、その三〇年ほど前にイギリス人のキャプテン・クックがやってきて以来、続々と来訪した欧米人の存在が深く関わっている。一七七八年にクックが「発見」する以前のハワイは、アフプアアを中心とした人々の暮らしが成立していたため、各地に王がいたとはいえ、特に統一した「ハワイ」をつくる必要はなかった。しかし、外から異なる文化と価値観を持った人々がやっ

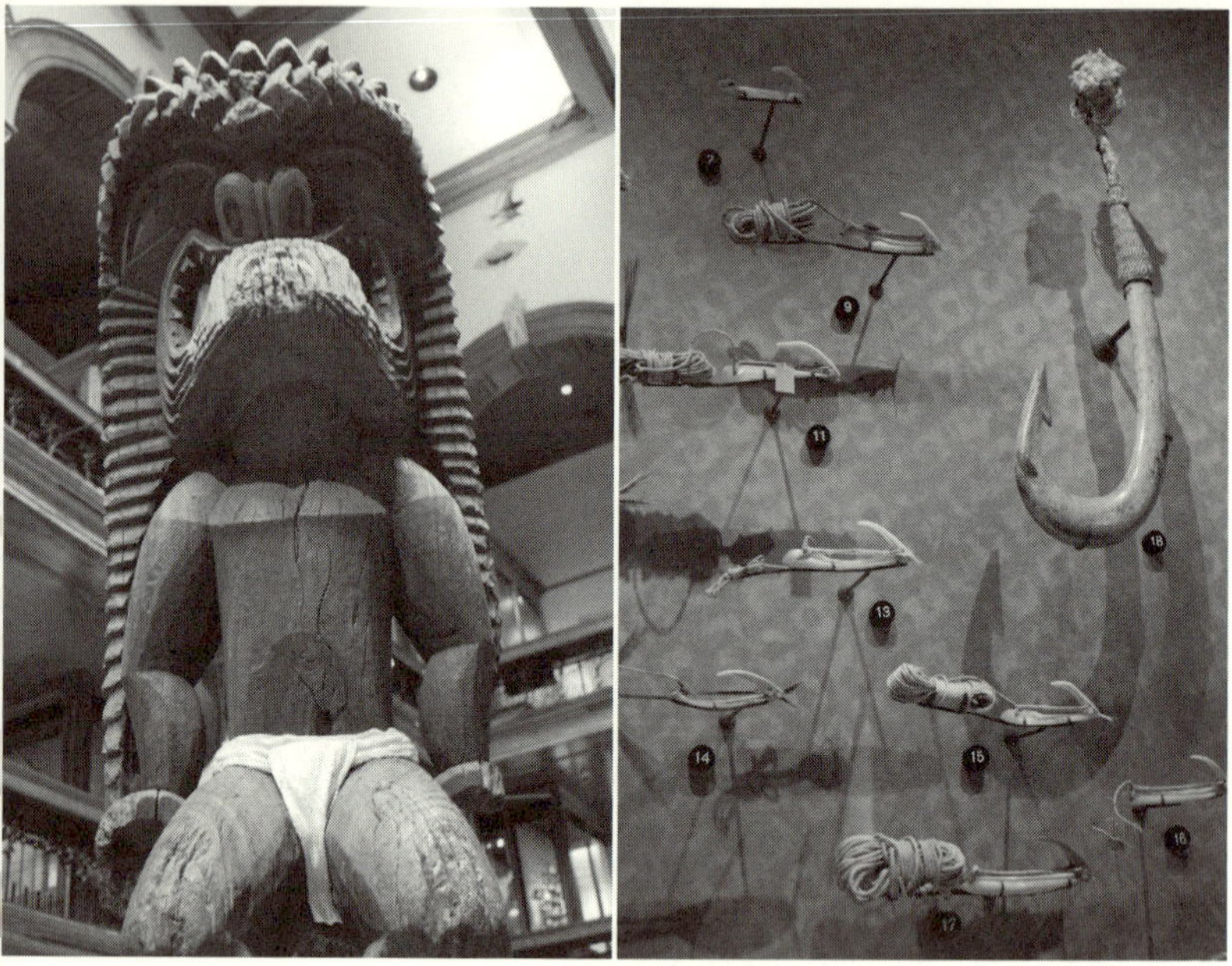

戦いの神でもあり、土地を養ってくれる神でもある「クー」（左）と、古代の釣り針などの生活必需品（右）。（ビショップ博物館所蔵）

てきたことで、ハワイアンは自分たちが「ハワイアン」であることを意識しはじめる。またカメハメハのような政治家は、分裂しているままでは、強大な軍事力をもつ欧米に奪われてしまうという危機感をもった。単純に比較はできないが、日本で黒船来航の衝撃が、明治維新につながっていった状況に近いと考えられる。

　ハワイ島出身のカメハメハは、欧米の人材や技術を積極的に利用した。白人の軍事顧問を雇い、大型船や大砲といった近代兵器を駆使したカメハメハの軍は、次々とライバルを打ち破る。そして一八一〇年に、ハワイ史上初めて統一の王朝を誕生させた。カメハメハはその後も、外国人を政権に入れて、欧米に負けない強い政府をつくるための取り組みを行った。貿易も盛んに行い、

キャプテン・クックの最後を描いた絵。中央のキャプテン・クックは、住民とのもめごとからハワイ島で命を落とす。(Hawaii State Archives)

洋服を着たカメハメハ大王の肖像画。カメハメハは、ハワイを統一して9年でこの世を去った。(Hawaii State Archives)

大型帆船から日用品に至るまで欧米の物品を数多く購入している。

その代わりに、カメハメハが欧米の商人に送った最大の輸出品は、白檀《びゃくだん》（サンダルウッド）の木だった。香りの良い白檀は、中国で香木や漢方薬として好まれていたため、欧米の商人たちは競って持ち帰った。白檀の需要は、一八一九年にカメハメハが亡くなった後も増え続ける。西洋の珍しい物品を欲しがるハワイの王族は、白檀を安値で売り払い、足りない分をツケで支払うようになった。こうして、貿易に不慣れなハワイの王族には、巨額の負債がもたらされ、山のように生えていた白檀は、一九世紀前半にはハワイから消えてしまう。白檀の次に栄えたのは捕鯨産業だったが、それも一九世紀半ばをピークに乱獲によるクジラの減少と、照明の燃料に石油が使われ始めたことで衰退していった。その後登場したのが、ハワイの主要産業となっていくサトウキビだった。このサトウキビ産業の広がりとともに、ハワイの文化、社会、環境は劇的に変わっていくことになる。

❇サトウキビ畑が奪ったもの

カメハメハ像の近くに、オアフ島最古のキリスト教会がある。一万四千個もの珊瑚《さんご》でつくられた外壁が印象的な、カワイアハオ教会だ。一八三〇年代のカメハメハ三世の時代につくられたこの教会で、挙式をする日本人カップルも多い。この教会がつくられたころのハワイでは、大変な事態が進行していた。欧米人が持ち込んだ疫病で、次から次へとハワイアンが死んでしまったのだ。クック来航時に三〇万から四〇万人いたとされる人口が、カメハメハ三世のころには一〇万人前後に、さらに一八八〇年ごろには四万人程度にまで激減してしまう。

そうした社会の混乱とともに、それまでのハワイの伝統的な神々への信仰は捨て去られていく。タブーとされていた「カプ（禁忌）」は廃止され、神殿や神像も破壊された。その背景には、強大な西洋文明に接した人々が、欧米に憧れるようになった時代の流れや、王族が、大きな力を握っていた神官たちから権威をはぎとろうとした政治的な狙いもあった。

オアフ島最古のカワイアハオ教会。

いずれにしても、「これまでの神」がいなくなった宗教の空白地帯に、キリスト教を広めることはそれほど難しいことではなかった。ハワイに宣教師がやってきたのは、ちょうどカメハメハ大王が亡くなった翌年のことだ。宣教師たちの目に映ったハワイアンの姿は、文字を持たず、裸に近い姿で踊り、なまけた生活を送る「哀れな人々」だった。そこで宣教師はフラやサーフィンといった「野蛮な風習」を禁止して、学校や教会をつくって欧米流の価値観を教え込んでいった。

カメハメハ三世率いるハワイ王朝が、本格的に欧米型の政治システムを取り入れたのは、そんな時期のことだ。憲法や

西洋の画家が描いたサーフィンをするハワイアン。ハワイはサーフィン発祥の地で、王侯貴族たちもサーフィンを楽しんでいた。
（Hawaii State Archives）

議会、裁判所もつくられた。それまでのハワイ社会にはまったく馴染まないこうしたシステムの運営は、当然白人が進めることになった。早く欧米に追いつきたいというハワイアンの願いを利用した白人たちは、これを境に政府の要職を占めることになっていく。ちなみに、白人のことをハワイ語で「ハオレ」と呼ぶ。もともとは外国人をさす言葉だったけれど、アジア人には使われないので、白人をさす言葉になった。政権内のハオレのほとんどは、宣教師や大土地所有者や商人だった。彼らは自分たちのビジネスに有利な法律をつくり、ハワイ社会の実権をにぎっていく。

　彼らがつくった法律で、最も影響の大きかったものが、土地の分配法を定めたマヘレ法（一八四八年制定）だ。土地は共有のものと考えていた当時のハワイアンには、「土地を切り分ける」というコンセプトが理解できなかった。そこにつけ込んだハオレは、王や王族たちから二束三文で土地を買い上げる。また、まだ読み書きのできない人が多かったハワイで、契約書に名前を書けないために、土地の権利を取り上げられてしまう事態も起きた。そのため、この法律の制定から一四年後には、ハワイの土地のおよそ四分の三が外国人の手にわたってしまう。

広大な土地を安く手に入れたハオレが始めた新しいビジネスが、サトウキビ農業だった。当時、アメリカに安く砂糖を輸出すれば儲かることはわかっていたので、地主たちはこぞって各地にサトウキビ農園をつくり始める。農園主は、商人に加えて、宣教師からの転職組も多かった。そして後にハワイ王朝を滅ぼす中心メンバーとなったのも、彼ら砂糖産業の経営者たちだった。

サトウキビ栽培は大量の水を必要とする。そこで農園主は、上流にダムをつくり、タロ畑に流れ込んでいた水をせき止め、サトウキビに回した。その時、カアラにあった泉の水も枯れてしまった。カアラでタロを栽培するブッチは、その様子を「サトウキビがハワイをレイプした」と表現する。先祖伝来の土地は奪われ、水の流れは突然止まった。そういう悲劇がカネワイやカアラだけでなく、ハワイ各地でいっせいに起きた。当時のハワイアンが受けたショックは、どれほどのものだったろうか。彼らは英語もわからないし、欧米流の法律も知らなかった。何が起きているかに気づいたときには、どうすることもできなかった。これが、無数にあったタロ畑が荒れてしまった原因だ。

カアラにある、かつてのタロ畑の跡。階段状になっている。

そして、あまりに急に土地や水が奪われたために、アフプアアの知識も、タロ栽培の技術も、次の世代へ引き継ぐことができなかった。だから、カネワイやカアラでタロ畑の跡や水路を発見した若者は、それが何を意味するのかわからず、古代の遺跡か何かだと思ってしまったのだ。

一方、農園を経営するハオレにとっては、安い土地、一年を通して温暖な気候、そして豊富な水資源というサトウキビ栽培の好条件がそろったことになる。あとは労働者だけだ。ところが地元のハワイアンは、自分が食べるわけではない商品作物の栽培に熱心ではなかった。しかも疫病のため人口そのものが激減していた。そこで経営者は、安い労働力を主にアジアから受け入れることにする。こうして大量にやってきた移民が、ハワイを今日のような多民族社会にしていった。それは一方で、ハワイアンをハワイの中の少数派にしてしまうことにつながった。

低賃金で過酷な労働を強いられた移民たちの苦労をよそに、アメリカ合衆国を取引相手にしたサトウキビ産業は順調に売り上げを伸ばしていく。特にアメリカとの間にハワイ産の砂糖の関税を撤廃する条約を締結（一八七六年）したことで、サトウキビ産業ばかりが儲かる仕組みができあがっていった。一八三七年には二トンしかなかったサトウキビの生産量は、一八七〇年には一万トン、そして一九三〇年代には一〇〇万トンに達し、アメリカをはじめとする世界各地に輸出された。莫大な財産を築いた業者の中からは、後にキャッスル&クックをはじめとするハワイの五大財閥（ビッグファイブ）が誕生することになる。そして彼らは砂糖貿易だけでなく、流通や銀行など、ハワイ経済全体を支配するようになっていった。

このころ、太平洋進出をめざしていたアメリカにとっても、ハワイは重要な中継地点になりつつあった。関税をなくす代わりにアメリカが得たのは、ハワイの領土や港を、アメリカ以外の国には貸さないという約束だった。後には、パールハーバーの独占使用権も獲得している。砂糖を仲立ちにしたハワイの経済界とアメリカとの結びつきは、ますます強まっていくことになる。

✻二度のクーデター

白人がハワイの土地や権力を奪いつつあった時代、ダウンタウンの中心部に豪華なイオラニ宮殿が建設された。この宮殿の設備は世界最新式で、電気が発明されて数年しかたっていないのに、電球や電話、水洗トイレなどが完備されていた。莫大な予算をかけてヨーロッパ風の宮殿がつくられた理由は、ハワイ王朝の存続が危うくなる中で、ハワイが欧米に誇れる独立国家であることを示そうとしたのではないか、と言われている。

宮殿をつくったのは、一八七四年から王位についたカラカウア王だった。彼は王権を強化して、ハオレとアメリカに支配されつつあるハワイを、自分たちの手に取り戻そうとした。メリーモナーク（陽気な君主）と呼ばれて親しまれた彼のユニー

カラカウア王の肖像。５月にハワイ島で行われるフラ最大の祭典、「メリーモナーク・フラ・フェスティバル」は彼の愛称にちなんでいる。
（Hawaii State Archives）

外国勢力に近代国家としてのハワイを示すために建てられたイオラニ宮殿。
日本で言えば鹿鳴館のような存在だと言える。

クさは、ハワイ王朝の君主の中でも際立っている。国内では、失われていくハワイアンのアイデンティティを取り戻すために、禁止されていたフラやチャント（詠唱）を復活させ、創世神話『クムリポ』を出版するといった文化の復興を積極的に行った。

また、王は同じ太平洋の島国で、欧米の植民地にされていない日本に親近感を抱いていた。そして日本をパートナーとして、ハワイの白人の力を押さえ込もうと考えていたようだ。カラカウア王は、世界一周旅行の途中で日本に立ち寄った際、日本からの移民を増やすための交渉をしている。これは、ハワイに多くの日系移民がやってくるきっかけとなった。さらに実現はしなかったけれど、お忍びで皇居を訪れ、姪のカイウラニ王女と、天皇家の山階宮《やましなのみや》定麿《さだまろ》親王を結婚させてはどうかという提案も行っている。

しかし独自の動きをする王に、警戒感を強めたアメリカ出身のハオレたちは、「ハワイアンリーグ」という政治結社や、「ホノルルライフルズ」という武装集団を組織。そして一八八七年、ハワイアンが「一回目のクーデター」と呼ぶ事件を決行する。

ハオレたちは武力を背景に、王に白人の権限をさらに高める新憲法をつきつけて発布させた。脅しによって成立したために「銃剣憲法」とも呼ばれるこの憲法によって、王の拒否権は奪われてしまう。そして、ハワイアンの多くと、ほとんどすべてのアジア系移民には選挙権がないのに、

1893年、白人のクーデーターを支援するために上陸した米海兵隊。(Hawaii State Archives)

リリウオカラニ女王の像。女王は作曲者としても有名で、「アロハ・オエ」などの名曲を作った。女王の像が見つめる先にあるのは、皮肉なことに今のハワイの政治の中心、ハワイ州議会だ。女王が現在のハワイを見たら、何を感じるだろうか。

武装する白人グループ（Hawaii State Archives）

お金と土地さえ持っていれば、ハワイ国籍を持っていない白人でも投票できるという、ひどいルールがつくられてしまう。そのため人口の三〇%にも満たない白人が、ハワイ社会を実質的に支配することになった。

失意のカラカウア王が亡くなって王位を継いだのは、妹のリリウオカラニだった。一八九三年、ハワイの現状に心を痛めていた女王は「銃剣憲法」に代わる新しい憲法を発布しようとする。しかしこれが「二回目のクーデター」の引き金になった。

反発したハオレは、「自由を守るため立ち上がろう」と演説し、女王に圧力をかける。さらに、ハワイに駐在していたアメリカの公使スティーブンスは「アメリカ人の生命および財産の安全を確保する」として、港にいた海兵隊を出動させた。そして、一

1898年、アメリカに併合され、星条旗がイオラニ宮殿に掲げられる。
(Hawaii State Archives)

六四名の海兵隊が女王のいるイオラニ宮殿を包囲する。そのとき武器を持って戦おうとするハワイアンもいたが、女王は無駄な血を流すことのないよう彼らを説得し、一時的な降伏の道を選んだ。

この事件の報告を受けた当時のアメリカ大統領クリーブランドは、クーデターを「重大な主権の侵害」であると受けとめ、ハワイ併合を拒否している。そのためアメリカに併合してもらおうと期待してクーデターを起こしたハオレ側は、仕方なくハワイ共和国を樹立することになった。アメリカがハワイを実質的な植民地として併合したのは、五年後の一八九八年のことだ。この年、スペインとの戦争に勝利したアメリカは、グアムとフィリピンを手に入れる。アジア進出を始めたアメリカにとって、中継地点となるハワイの併合は欠かせない戦略になっていた。

クーデターの後、リリウオカラニ女王はアメリカを訪れてこの事件の不当性を訴えたが、共感されることはなかった。彼女はその後、ハワイアンの起こした抵抗運動に関わった疑いで、証拠もないままに「反逆罪」の罪に問われ、幽閉されてしまう。教養豊かな女王は、幽閉中に『ハワイの女王によるハワイの物語』を執筆して、この事件を後世に伝える努力を続けた。イオラニ宮殿の北には、リリウオカラニ女王の像がひっそりとたたずんでいる。ほとんどの観光客が訪れる表通りのカメハメハ大王像に比べて目立たないけれど、彼女の像にはいつも誰かが花をそなえている。

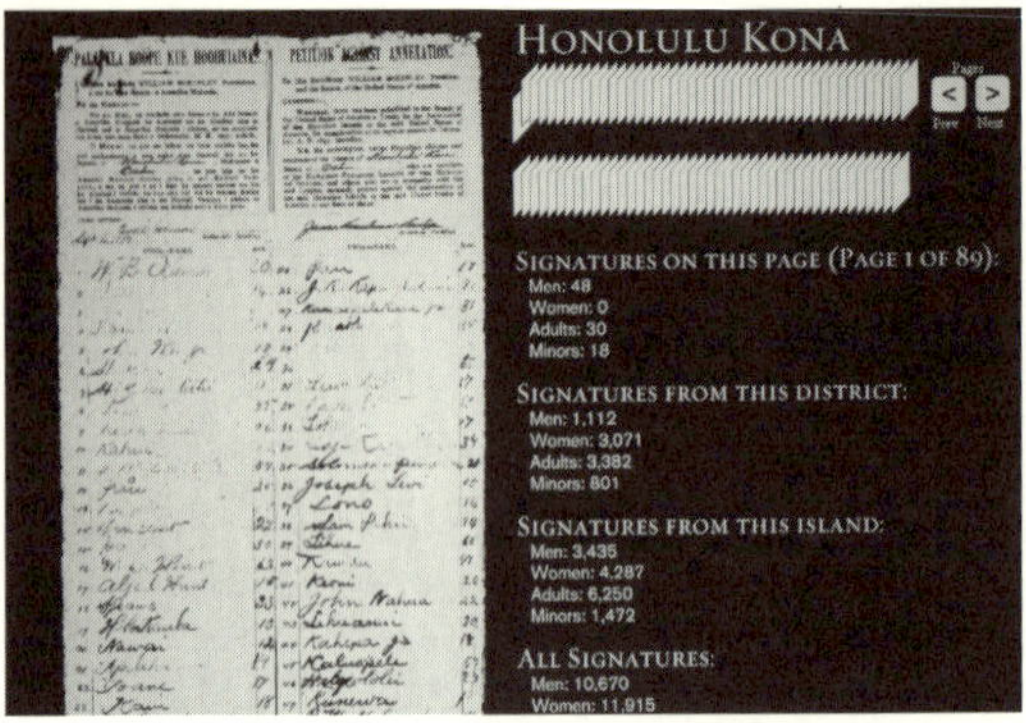

署名のデータベース（ビショップ博物館内）

❇二万八千人の署名

クーデター、つまり武力によって国際的に認められた独立国家が乗っ取られたという過去は、ハワイでは今も問題にされている。それは一九九三年に行われたクーデターから一〇〇年の式典で、当時のクリントン大統領が、不正があったことを認め、謝罪決議に署名したことからもわかる。しかし、補償や権利の回復をどうするかについての話は進展していない。ハワイアンは今の状態をこんなふうに例えている。

「アメリカは賃貸契約を結んでいないのに『この家は自分の家だ』と勝手に宣言してしまったんだ。その後も、正式な契約は今まで一度も交わされていない。それを合法だと認める法廷は、世界中どこを探しても見当たらないだろう。ハワイが占領されていて、ハワイアンが独立を求めているというのは、そういう経緯からきている」

ハワイ王朝の歴史を伝えるビショップ博物館の三階には、クーデター当時の資料も展示されている。白人の武装集団が使っていた銃、女王を支援するハワイアンの集会を呼びかけるチラシ……、そしてタッチパネルのデータベースで閲覧できるのは、一般のハワイアンがアメリカに併合されることに反対をする署名だ。当時のハワイアンの成人の九〇%以上、二万八千人がサインしたというこの署名は、データベースで地域ごとに分類され、どこの誰が署名したかを画面上で確認できる。文面には、「ハワイは独立国なのだから、どんな形でもアメリカの一部にはなるべきではないし、もしアメリカに併合されたとしても、私たちは抗議をし続ける」という意思表示がされている。

自分の曽祖父がこの署名にサインしていた、というハワイアンの女性に会った。テリー・ケコオラニ、彼女はハワイの軍事化に

曽祖父の写真と署名を手にするテリー・ケコオラニ

反対するDMZ（非軍事地域）というNGOのメンバーだ。テリーは、「これを見て」と言って、曾祖父の写真と署名のコピーを手にした。

「私のひいおじいさんは、四九歳のときにサインしていたの。この署名は、当時のほとんどのハワイアンが署名して、アメリカの議会に提出された。だからアメリカは、ちゃんとした合意を結べなかったのよ。併合といったって共和党が勝手に宣言しただけなんだから、ひどいもんよ！」

興奮が収まらないテリーは、署名のコピーをバシバシと叩きながら訴えた。彼女の怒りの矛先は、過去に行われた不正が今も続いているということにも向けられていた。

「でもね、問題はクーデターや併合だけじゃないの。こうした反対署名があったという事実自体を、私は一〇年前まで知らなかった。私だけじゃなくてほとんどのハワイアンがそう。起きたことをみんなが知らないということは、私たちの側がアメリカの植民地であることに慣らされてきたということだと思うの。私たちはハワイという国を奪われて、それに反対したという歴史さえ奪われてきた。でも、いつまでも真実を隠し続けることはできないものよ」

テリーが言うように、この署名のことを知っているハワイアンは、今でも多いわけではない。それは学校でハワイの本当の歴史が教えられないというだけでなく、英語を公用語としたハワイのアメリカ化が徹底的に進められていく中で、民族のアイデンティティが失われていったことにも関連している。しかし、人々のハワイアンとしての意識は、一九七〇年代に突如として盛り上がりを見せることになる。

✻ハワイアン・ルネッサンス

「おまえたちは、あの貧しく愚かなハワイ人にもどりたいか。戻りたくないなら、ハワイ人意識を捨てろ」（『ハワイ』山中速人著　岩波新書）

カアラの谷の開墾を始めたエリック・エノスは、一九五〇年ごろのカメハメハ・ハイスクールで、教師からこのような話を繰り返し聞かされたという。アメリカに併合されたあとのハワイの学校では、王朝がたどった歴史が教えられることはなかった。また、フラやハワイ語などの伝統文化は禁止された。公用語は英語になり、白人への同化政策が進んだ。アメリカ的教育を受けた多くのハワイアンは、白人と同じ権利を得るために、「アメリカ人」になろうと努力した。

失われたハワイアンとしての意識が盛り上がりを見せるきっかけになったのは、一九六〇年代にアメリカ本土で起こったベトナム反戦運動や、公民権運動の流れだった。白人優位のアメリカ的価値観がゆらぎ、黒人や少数民族が権利を取り戻す闘いを行ったこの時代に、ハワイアンもまた自らのアイデンティティに目覚めていった。エリックたち若者は、白人のようになりたいと願ってきたこれまでの生き方を見つめなおし、「自分たちはどこから来て、何者なのか」というルーツをたどるようになっていく。

この時期のハワイアンの意識の変化によって起こったムーブメントは、「ハワイアン・ルネッサンス」と呼ばれている。一九七〇年代に入り盛り上がっていったこの運動は、ハワイの伝統文化

オアフ島、サンドアイランドに停泊中のホクレア号。ハワイアンの文化復興のシンボルとなったホクレア号は、ポリネシアを中心に今も世界各地を航海し続けている。2007年には日本も訪れた。伝統航海術を学ぶ場であるのはもちろんだが、最近では子どもたちの環境教育の場としても活用されている。

を復興することに加えて、政治的な権利回復運動へとつながっていく。ハワイアンは、異なる民族の人々とも協力して多彩な組織をつくり、それぞれの分野で成果をあげていった。ハワイ語にはじまり、古式のフラ（フラ・カヒコ）やチャント（詠唱）、レイやキルトづくりなどを復興していくグループが生まれた。また、多くの若者に影響を与えることになるハワイ大学のハワイアンスタディーズが設立されたり、カネワイやカアラなどでタロ畑が開墾されたのもこの時期だ。古代にハワイへとやってきたポリネシア人の祖先に思いをはせて、伝統的な航海術だけでタヒチからハワイにわたった双胴のカヌー「ホクレア号」による航海も話題となった。

権利を獲得するために政治の世界に進出する人も増えた。そうした変化を受けて、ハワイ州政府にOHA（ハワイ先住民問題局）が設置された。そして一九七八年にはハワイ語が公用語と認められた。さらに、アメリカの支配から脱して独立をすべきだと唱えるグループも現われるようになる。こうした一連の流れは、自分がハワイアンであることを誇りに思う人々を生み出した。

❇ポカ・ラエヌイの闘い

この時代、ハワイアンをめぐる法廷闘争も注目された。ハワイアンの青年が容疑者となった裁判や、開発によって土地を奪われるハワイアンが立ち退かず、企業や州から訴えられたりするケースでは、多くの支援者を巻き込んだ運動が展開されていった。弁護士のポカ・ラエヌイ（六四歳）は、その運動の先頭に立ってきた人物だ。穏やかな笑みをたたえて、とてもゆっくりと語る彼は、まるで仙人のようにも見える。しかし、そんな姿からは想像もつかないような激しい闘いを、彼は繰り広げてきた。

ハワイアンをめぐる法廷闘争の先頭に
立ってきた弁護士のポカ・ラエヌイ。

ポカは、これまで数々のハワイアンの裁判を担当してきたが、彼の裁判が話題になった理由は、事件の細かい争点からあえて論点をずらし、アメリカがハワイを支配している違法性を取り上げたからだった。「我々ハワイアンは、アメリカに国を乗っ取られたのだから、アメリカ人の法律に従う義務などない」と、彼は主張したのだ。

「当時のハワイアンは、自分たちについての知識もないし、歴史も知らなかった。自分がどんな権利をもっているかもわからなかった。だから、裁判を教育の場に使わせてもらったんだ。あとは、メディアによるハワイアンへのネガティブキャンペーンもひどかった。当然ハワイアンへの世間の印象は悪かったよ。犯罪組織のようなイメージが重ねられていたからね。それも変えたかったんだ」と、ポカが言う。

ほとんどのハワイアンが、王朝の歴史など知らないという時代に、彼はこのような方法で闘った。裁判本来のあり方を考えると、邪道かもしれない。けれど、裁判を教育の手段にした彼の作戦は注目を浴び、ハワイ社会やハワイアン自身の意識を変えていった。

激動の時代を生きたポカ・ラエヌイの半生をたどってみよう。カアラの谷があるワイアナエに八人兄弟の七番目として生まれたポカは、ハイデン・バージェスという英語名で育った。母親は中華系の移民で、父はアイルランド系移民とハワイアンの血をひいていた。たいていの貧しいハワイアンがそうであるように、兄たちはみんな高校を卒業してすぐに軍で働くようになった。そして子どもたちの中でただ一人大学に行ったポカも、卒業すると仕事のあてがなく、ベトナム戦争のさなか空軍に入る。

転機になったのは、空軍基地の図書館で偶然、リリウオカラニ女王が書いた『ハワイ女王によるハワイの物語』の本を見つけたことだった。そこには、ポカがまったく知らなかったハワイアンの王朝の歴史が書かれていた。王朝は、白人のクーデターによって滅ぼされていた。そして、クーデターで米軍が果たした役割も知った。ポカがわが身を振り返ると、王朝を滅ぼした米軍の軍服を着ていた。今まで国にだまされていたことに気づいた彼は、アメリカの国にも、愚かな自分にも激しい怒りを感じたという。ポカはそのときの心境を、「基地ごと爆弾で爆破してやろうかと思ったよ。そんなことしたら、今ではテロリストと言われてしまうけどね」と言って笑う。温和な彼から、こんな言葉が出てくるとは思わなかったが、それほど強い感情だったのだろう。

しかし、暴力では何も変わらないと考えたポカはすぐに軍を辞めて、できたばかりのハワイ大学の法科大学院に第一期生として入学。そこで法律家の資格と弁護士資格をとると、ワイアナエにハワイアンのための法律事務所を開いた。それが、法律でハワイアンをサポートすることを通して、アメリカを内部から変えていこうという挑戦の始まりだった。

八〇年代半ばからは政治運動にも関わり、ＯＨＡ（ハワイ先住民問題局）のオアフ代表を務めた。その後も、国連や世界先住民会議にハワイ代表として参加するなど、先住ハワイアンの権利獲得のために国際的なアピールを続けてきた。ポカはアメリカ国内だけで訴えるのではなく、国際社会と協力して、ハワイの問題を変えていこうとした第一人者でもある。こうして長い間先住民運動に関わってきた彼には「ハワイ先住民活動家」のイメージがついている。しかし、本人はそれを否定する。

「私は人権活動家だよ。私が先住民族なのはただの偶然で、その違いはとても大きいんだ。私がハワイアンでなくても、この不正に対して行動を起こしているよ。これは、植民地主義という普遍的な問題なんだ」

✻ハワイ独立論

一九九三年一月一七日。白人によるクーデターからちょうど一〇〇年目に当たるこの日、ハワイでは大規模な記念行事が行われた。そして一〇〇年前に米軍が取り囲んだイオラニ宮殿のまさにその前で、先住民運動のリーダーの一人、ポカ・ラエヌイがスピーチしていた。

《ある日、私が庭を散歩していたら、二匹の毛虫のそばを蝶が飛びすぎていった。毛虫の一匹が言った。「きれいな蝶だなぁ」。すると、もう一匹がこう返した。「ばかなことをいうなよ。お前は非現実的だなぁ。おれたちのような醜い毛虫が、あんな美しい蝶なんかになれるわけがないじゃないか」。数日後、ふたたび私が庭を散歩したとき、この毛虫たちはいなかった。そのかわりに、美しい蝶が二羽飛んでいた。

毛虫たちは、もちろん蝶になれた。ただ、なれるということを知らなかったんだ。太平洋では、多くの民族が独立した。ツバル、フィジー、西サモア、かつて植民地だったポリネシアの多くの島々が独立を果たした。われわれハワイ人は、これらの人たちをみて、羨ましいと思った。しかし、ただ羨ましがっているだけで、誰も本気で自分たちが独立できるとは思ってはいない。でも、私たちはちょうどこの毛虫のようなものなのだ。そして、これら独立を果たした民族たちは、蝶なのだ。私たちもいつかかならず蝶になる日がくるんだ。》（『ハワイ』山中速人著　岩波新書）

ポカは、ハワイ独立を初めて提唱した人物でもある（※）。そして、アメリカ合衆国からの独立を考えているハワイアンの活動家は少なくない。しかしハワイの一般の人々は、小さな島国のハワイが独立しても経済的にやってはいけないだろうと思っている。また、独立を唱えるハワイアンのグループ同士も一致団結しているわけではない。独立派の中でも、本当に国家として独立を目指すのか、あるいは自治権の獲得をめざすのかといった隔たりもある。だからハワイ社会では、ハワイアンの運動はバラバラだという印象をもたれている。

1993年の式典でスピーチをするポカ
（提供：ポカ・ラエヌイ）

そうしたグループのリーダーたちに助言を与えているポカは、最大の問題は、意見が合わないことではなく、ハワイのディープカルチャー（深層にある文化）にあるのだと言う。

「ハワイ社会がどうあるべきか、いろいろな意見があっていい。意見をぶつけ合うことから、新しいビジョンを作り出すことができるからだ。より重要なのは、植民地のような今の状態を脱け出して、どんなディープカルチャーに基づいた政府や社会をつくるのかを考えることだ」

彼の言うディープカルチャーとは、政治、経済、環境、教育など社会のシステムのすべてを成り立たせている根底にある文化のことだ。これを変えなければ、表面的なシステムや、政治のリーダーを変えても、本質的には良くならない。

「今、ハワイが支配されているのは、アメリカ型のディープカルチャーだ。自然環境を抑圧し、経済を独占して、敵と見方を区分けする文化だ。例えばジョージ・ブッシュが、『我々の側につくか、テロリストの側か』と迫ったようにね。でもそれでは結局自分自身を追い詰め、システムも、家族も、コミュニティも維持できなくしてしまう」

ポカは、今のまま政権だけをハワイアンが握ったとしても、何の意味もないと考えている。彼が参考にするべきだと思っているのは、ハワイにもともとあった「自然を慈しみ、お互いが分かち合う」共生のディープカルチャーだ。

「それはハワイアンが昔から持っている『アロハ』の精神にも現われている。誰かが独占する社会ではいけない。お互いを認め合い、相手を受け入れる文化を築かなくては。たくさんの人がそんな夢を見始めたら、独立について議論を始められると思う。でもほとんどの人は、あの毛虫たちのように、想像することすらできていない。だから私は急いで独立した方がいいなんて思ってない。みんなに共通の理解ができてからでいいんだよ」

ポカによれば、ハワイは今「さまざまな夢を見る」というドリームステージに入っている。だからよりよい社会に向けて、いろいろな意見を出せばよいと言う。

毎週土曜日に、AMラジオの人気番組「ハワイアン・ポプリ（雑録）」のパーソナリティを務めているポカは、聴取者に向けてあるものを募集した。二五年後、つまり二〇三五年に、ハワイがどんな社会になっていればいいのか、そのためには何が必要なのかを、ポカのところに送るというプロジェクトだ。独立とは壮大な話だけれど、「毛虫が蝶になるために」どんなアイデアが集まるのか、今から楽しみだ。

※　ポカは以前、「なぜ独立をめざすのか」という質問に、このように答えている。

「過去に行われた違法な行為や不正義は、年月がたてばなんとか消し去ることができると、人々はえてして思いがちです。そして今は不正は減少したとも思われている。でも、私はそれは反対だと思います。不正が長く続けば続くほど、増大するのです。だから、あれは一〇〇年前に起こったことだから、というのは、現在の免罪符になるどころか、そのままほうっておいた分、かえって罪は増大していると言えます。……なぜ私たちがアメリカ合衆国の一部でなければならないのかという、まさに根拠のところを私たちは問うているのです」（『ハワイ・さまよえる楽園』中嶋弓子著東京書籍／一九九一年のインタビューより）

❇ハワイアンとは誰か？

これまで先住ハワイアンについて述べてきたけれど、ハワイアンの中でも様々なアイデンティティがある。ここで「ハワイアンとは誰か」という疑問にも触れておきたい。現在ハワイで先住民族と呼ばれる人たちが誰をさしていて、どのくらいの人数が暮らしているのかついては、今も議論になっているからだ。

参考までに、二〇〇九年にアメリカ合衆国で行われた調査の結果を紹介しておこう。先住ハワイアンと申告した人々は、九・二％になる。これは厳密に言うと、サモアやトンガなどから二〇世紀になってやってきた移民である「その他の太平洋諸島出身者」を合わせた数になっているため、ハワイアン単独の割合はもう少し低くなるだろう。ハワイ州の人口はおよそ一三〇万人なので、一〇万人前後といったところだろうか。これに、混血の人々（一八・〇％）の一部が加わる。ちなみに、ハワイの人口の多数は、アジア系と白人が占めている。日本人、フィリピン人、中国人、コリアンなどのアジア系移民は、三八・八％と最大で、白人系は三〇・二％となっている。

ハワイアンの数が正確にわからない原因には、ハワイに多数の移民がやってきたことと、混血の多さにある。先住民運動をしているポカ・ラエヌイにも白人や中華系の血が混ざっているように、ハワイで生まれた人々には、一つの民族ではくくれないという背景がある。

州政府やカメハメハ・ハイスクールなどは、五〇％以上がハワイアンの血でなければハワイアンと認めないという方針を立てて来たが、多くのハワイアンはその基準に反対している。そこでは、クォーターであるポカが先住ハワイアンではないことになってしまうように、多くのハワイアンが当てはまらないからだ。

逆にハワイアンの血が五〇％ある人でも、差別などを理由に、ハワイアンでないと申告している人もいる。そうした背景もあるため、自分がどの民族に属しているかを決めるのは、最終的には本人のアイデンティティ次第ということになる。

ハワイアン・ルネッサンス以降、ハワイアンであることを自ら選び取る人は増えてきているものの、全体の数からいえば少数派であることに変わりはない。それだけに、文化の復興運動や独立運動を進めていくにしても、先住ハワイアンのアイデンティティをもつ人以外の人に、どのように広げていくのかということが重要になっている。ポカは、「誰がハワイアンか」といった議論に対してこのように語っている。

「今後のハワイを考えるとき、確かに先住ハワイアンはリスペクトされる必要がある。文化や土地の権利、政治に携わる権利などは保証されるべきだ。でもその一方で、どのような形であれ独立を手にするなら、今ハワイにいる人たちはみんなハワイ国民になる。みんなが共存していくことが一番大切なのだから、民族的に誰がハワイアンかという議論は、あまり重要ではない。私たちは先住ハワイアンだけの国を作ろうと思っているわけではないし、ハワイ王朝を復興させようと思っているわけでもない。作りたいのは、現代に合った民主的な国家なんだ」

✻ひとつのものには八つの見方

ハワイアン・ルネッサンスの影響でつくられた、伝統文化やハワイ語を学ぶ学校のユニークな取り組みを紹介したい。これから紹介する二つの学校は、いずれも公立校としての認可を受けて、無償で教育が行われている。

初めに訪れたのが、ホノルルのマキキ地区にあるチャータースクールだ。チャータースクールとは、アメリカで九〇年代から実施された新しい教育システムで、州から認可を受け、一般の公立校とは異なる目的で運営されている学校のことだ。ハワイには、ハワイアンの文化を教えることを目的とするチャータースクールが一五校あり、現在二千人近くの生徒が学んでいる。マキキにあるのはそのうちの一つ、「ハラウクマナ」という学校だ。通っているのは六年生から一二年生まで八五人で、日本でいえば中学、高校生の年代だ。

プレハブでできた「ハラウクマナ」の校舎と、小さな祈りの場・ヘイアウ（神殿、祭壇）。

この章の冒頭でハワイポノイを歌ってくれた子どもたちは、チャータースクールの生徒だった。「ハワイはアメリカに占領されています」という女の子の挨拶は強い印象を残したけれど、アメリカの学校でこのような教育をして、批判されないのだろうかという疑問も感じていた。この学校のスタッフ、ミッキー・フィフィ（三七歳）にそれを尋ねると、彼女はほほ笑みながら答えてくれた。

「子どもたちは、もちろん一般の公立校が教えるようなアメリカの歴史も教わります。でもこの学校では、ハワイアンの視点があることも教えています。ハワイには『ものを見るときには八つの異なった見方ができる』という言葉があります。子どもたちは、あなた方の歴史には異なった見方があることを伝えたかったのだと思いますよ。そうした方針が批判されることもありますが、アメリカ的な見解はどこでも聞ける話なので、異なる見方に触れることは大切なのです」

以前とは違い、今ではハワイの普通の学校でもクーデターの事実は教えている。でもその教え方は「単に過去に起きたこと」という扱いで、結果的には「アメリカに併合されて、幸せになったのだからよかった」ととれるような内容になっている。だから、異なる視点から「それでいいのか?」と問いかけることが必要なのだろう。

「ハワイの人々は今まで、ひとつの視点からしか学べませんでした。私自身は、ハワイアンのための学校であるはずのカメハメハ・スクールに行きましたが、そこではハワイのことは教えてくれませんでした。例えば覚えさせられたのは、アメリカ五〇州の州都の名前でしたが、役には立ちません。この学校では、オアフ島がかつてどのようなアフプアアに分けられていたかを教えています。どこにどんな自然があり、それがどう利用されてきたのかも。それを学ぶことから、地域や環境を守ろうという思いが生まれてくると考えているのです」

ミッキーやこの学校のほとんどの先生は、ハワイ大学ハワイアンスタディーズの卒業生だった。彼女たちは、そこで初めてハワイアンの歴史観に触れ、ハワイ語を学んだ。そしてヒアポが守るカネワイでタロを育てながら、それまで感じてこなかったこの土地とのつながりを感じるようになったという。だからこそ、教育の大切さを身にしみて感じている。

❇地域で育てる学校

この「ハラウクマナ」が設立されたのは二〇〇一年。以来、運営面での苦労は絶えない。州からの支援は出るものの、一般の公立校より額が少ないので、いつも予算は不足している。また学校の土地もないので、六年間で四回も引越しをした。このマキキに移ってきたのは二〇〇七年。州が持っていた土地を寄付してもらったのは助かったが、国立公園の扱いのままだから、校舎を建てるために地面に穴を開けることもできない。だから教室はコンテナが並べられているだけという簡素なものだ。

校舎を案内してもらった。森に囲まれた学校といえば聞こえはいいが、確かにコンテナ教室での授業は大変そうだ。それでも、木陰で勉強を教えあっている生徒たちは楽しそうだ。生徒や地域の人々と共同で切り開き、整備した庭には、タロイモやククイなどの伝統的な植物が茂る。広場では、卒業を間近に控えた生徒たちによる卒業発表の練習が行われていた。ハワイ語で寸劇をしながら、歴史を伝えるもののようだ。今年は、卒業生七人のうち六人の生徒が大学に進学する。

「みんな大きな家族みたいで、楽しんで学校生活を送っていますよ」と、一七歳の女子生徒が言うように、学校は少人数制だ。一学年が大体一〇人前後で、すごいのは各学年に二人ずつ担任の先生がついていること。それを維持していくのは財政的に厳しいけれど、教育としてこだわっている。

ちなみに、案内してくれたミッキーは先生ではなく「コミュニティディレクター」という肩書きだった。この学校と、家族や地域の人々をつなぐという、チャータースクールならではの役割だ。この学校の目的の一つはハワイ文化を教えることだが、もう一つの大きな柱は、政府から与えられる教育ではなく、コミュニティの人と一緒にカリキュラムを作っていくというものがある。だからミッキーは、地域の人々といつも連絡をとりあっている。実際にこの学校の教育委員会は、親と地域の人、そして生徒によって運営されている。「だからたまに生徒が私のボスになったりするの。面白いでしょう?」と、彼女は笑う。地域の人みんなで育てていく学校というコンセプトは、確かに面白い。ほかにも、引越しや資金集め、庭造り、そしてほか

卒業発表のリハーサル風景

のチャータースクールとの連携など、運営に関わるあらゆることを彼女がコーディネートする。すべてが手作りのこうした学校ではミッキーのような人は欠かせない。

学校の一日は、テントの下でチャント（詠唱）を唱えて祈り、心を落ち着かせることから始まる。教室では数学や英語、社会などを習い、ほかの授業は場所を移して行うのも特徴の一つだ。内容によって場所を変えることで、実社会とのつながりを学ぶことができるという。親や地域の人にも積極的に参加してもらいながら、農作業やフラのレッスン、カヌーづくり、昔の養殖池の掃除などを行っている。生徒たちは、こうして自然の中ですごしながら、持続可能性について学んでいく。

緑に囲まれたキャンパスで学ぶ生徒たち。

「地域の人々や自然とのコミュニケーションを通じて、子どもたちの人生に変化が起きていくのは、素晴らしいことです」

そう言いながら、ミッキーは一冊の雑誌を渡してくれた。タイトルには「チャータースクールは、新しい形の学びを提供している」とあり、この学校が特集されていた。ハワイアンの文化を取り戻す教育がハワイの中で注目されることは、今までなかったことだという。地域とともに活動するこうした取り組みが、ようやく評価されつつあるようだ。

❇英語は小学校五年から

次に紹介する学校は、文化を学ぶことを中心にしているチャータースクールとは異なり、ハワイ語教育に力を入れた「ハワイ語イマージョンスクール」だ。イマージョン教育というのは、すべての教科をその言語だけで教育するもので、英語社会のハワイで、ハワイ語で実践するというのは大きな覚悟が必要だ。

幼稚園クラスの子どもたち

ぼくは、ハワイ島のヒロの町にある公立校「ナヴァヒ・オ・カラニオプウ・スクール」を訪れた。「雨の都」と呼ばれるほど雨の日が多いヒロだが、この日は珍しく晴天だった。この学校は、乳幼児から高校生までを対象に、一貫してハワイ語で授業をしている。最近では、ハワイ語を学ぶことのできる学校は増えてきているものの、乳幼児から徹底してハワイ語で育てているのはここだけだ。

ハワイ語の歴史を振り返ってみよう。はじめハワイ王朝のころにやってきた宣教師たちは、ハワイ語教育に熱心だった。それまでハワイ語には文字がなかったので、聖書の教えを伝えるのに不便だったからだ。彼らは文字をつくり、学校をつくり、識字率を上げるた

生後６カ月からハワイ語で育てられている乳児。いつもハワイ語で話しかけていると、すぐにしゃべれるようになる。

めに貢献した。もちろん、文字をつくったのは宣教師側の都合だし、文字ができたことで、それまで口承で伝えられてきた文化が途絶えてしまったという問題も起こった。ただ、このころまではハワイ語が活かされていたことは確かだ。

ハワイ語が学校教育で禁止されたのは、二回目のクーデターから三年後、一八九六年のことだ。世界中の多くの植民地で起きたように、ハワイでも先住民族に支配者の言語を強制する方法がとられる。学校でハワイ語をしゃべった子どもには、体罰が与えられることもあった。英語教育の徹底により、ハワイアンの側も、ハワイ語より英語を重視するようになっていった。

その後、ハワイアン・ルネッサンスの盛り上がりの中で、一九七八年には州憲法が修正され、ハワイ語がハワイ州の公用語として認められる。全米で英語以外の言語を公式に認めているのは現在もハワイ州だけだから、これは画期的なことだった。ところが、九〇年近くもハワイ語教育が禁止されていたため、一九八〇年代半ばには、一八歳未満でハワイ語を話せる人は、なんと三〇人に満たないほどにまで減っていた。ほとんど消滅しかけていたハワイ語だったが、教育者たちの奮闘で甦り、現在では、ハワイ語を話せる人は一万人を越えるまでに増えている。ハワイ語イマージョンスクールの存在は、ハワそうした努力の結晶と言えるだろう。

まずは三歳児から五歳児が学ぶ幼稚園のクラスを見学した。子どもたちが大きな声で練習していたのは、「ハカラマ」と呼ばれる、日本で言うと「あいうえお」のような表だ。一クラス一〇人ほどという少人数であることを除けば、授業そのものは普通の学校と変わらない。もちろんすべてがハワイ語で進められている。壁に貼ってあるイラストやカレンダー、教科書もハワイ語だ。休憩中だって英語をしゃべる生徒はいない。ここで子どもたちが英語を習い始めるのは、小学校五年生になってからで、それまで学校ではハワイ語しか使わないのだという。確かに徹底しているけれど、英語社会のハワイで不自由なことはないのだろうか？

図書館で、ラリーが制作に関わったハワイ語辞典を見せてくれた。長い間社会で使われない言葉だったハワイ語には語彙が少なく、「コンピュータ」など今の社会に対応する言葉は新しくつくらないといけない。そこで新しいハワイ語を定期的に辞典にしている。ラリーは、ハワイ語辞典をつくる中心メンバーでもある。

「不自由なことはないよ。なにしろこの学校の外の世界で触れるのはほとんど英語だから、すぐに覚えるんだ。この学校をつくった一番の目的は、ハワイ語を存続させること。そのためには、子どものうちから学ぶのが一番いい」

教えてくれたのは、ハワイ大学

保育園のレオ・ナニ先生の授業

ヒロ校のラリー・キムラ教授（六四歳）。四〇年近くハワイ言語学を教えてきたラリーは、この学校の創設者だ。また彼は、一九八〇年代前半に消えかけていたハワイ語を復興するために、幼稚園「プナナレオ（言葉の巣）」を創設したメンバーの一人でもある。ハワイ語復興の立役者である彼に、校内を案内してもらった。

　この学校は、詳しく分けると二つに分かれている。公立の「ナヴァヒ・オ・カラニオプウ・スクール」は幼稚園から高校までで、乳幼児から三歳の保育児は、隣にある「プナナ・レオ・プレスクール」という私立の保育園で受け入れている。幼稚園から上は学費がかからないけれど、保育園は私立だから結構な費用がかかる。それでも乳幼児からハワイ語で育てると身につき方が早いので、定員一八名の保育園は、いつも満員だ。

　一、二歳の保育児の授業をのぞかせてもらう。ウクレレを弾く先生を子どもが取り囲んで、クリスマスソングを歌っている。カメラを持った見慣れないおじさん（ぼく）の侵入で気が散るのか、こっちばかりを見つめる子もいる。そのあと壁に貼られた魚のイラストを先生が指すと、ハワイ語の名前をみんなで当てていた。さすがにこのくらいの子は覚えが早い。クラスを受け持つレオ・ナニ先生は、まだ二〇代。ハワイ大学でラリーに教わったのだという。

「ハワイ語を学ぶきっかけは、高校でフラを学んだことでした。音楽にはハワイ語がたくさん入っているので、聞くだけなら慣れていました。この仕事はやりがいがあって楽しいですね。私はラリー先生に出会えてよかったです。この子たちが大きくなって、また次の世代にハワイ語を教えるようになったらいいと思います」

彼女がそう言うと、ラリーは照れくさそうに窓の外をながめていた。ラリーは、ぼくのようなハワイ語の素人にも、ゆっくり優しく説明してくれる。その親しみやすい話し方で、たくさんの子どもたちを教えてきたのだろう。そしてその生徒の何人かは、こうして次の世代を育てる先生になっている。校舎を歩いていても、生徒はみんな気軽にラリーに話しかけてくる。生徒数が少ないということもあるだろうが、日本では、「学校の創設者」などというと、なんだか近づきにくいものだけれど、ラリーからはまるっきりそんな印象は受けなかった。

❇消えたハワイ語

この日はちょうど、タヒチの学校の先生たちが見学に来ていた。ハワイとタヒチ、あるいはニュージーランドやサモアなど、ポリネシアの言葉や文化には共通点が多い。だからこうした地域から、先住民言語を教えるモデルスクールであるこの学校のやり方を、学びに来る先生も大勢いるという。タヒチの先生たちは、タヒチとハワイの子どもたちによる交流プログラムを、二〇一一年の夏に計画していた。かつてハワイ語が消えかかったように、現在タヒチ語や文化が消えそうになっ

学校には、日本人の先生もいる。富田公子さん（右）はハワイアンミュージックが好きだったことがきっかけで、ハワイ語を本格的に学ぼうと思った。ハワイ大学でハワイ語を学んだ富田さんは、この学校で日本語と漢字も教えている。実はハワイ語と日本語には共通点が多いという。学校では毎年「日本文化の日」を設けて、イベントとして実施している。

ているので、文化交流を通じて意識を変えていきたいと言う。

「ぼくがハワイ語に取り組むようになったきっかけも、ハワイ語の消滅を前にして、とても悲しい思いをしたからなんだよ」とラリーは語る。

牧場で育ったラリーの父方は日本人、母方はハワイアンと白人の血を引いていた。だから彼は日系で、白人で、ハワイアンでもある。牧場では父方は日本語で話し、母方のおじいさんとおばあさんはハワイ語、ラリーの両親と子どもたちは英語を話すという環境だった。多くのハワイアンの家庭がそうだったように、両親の世代からはハワイ語を話さなかったから、言葉としてはここで消滅してしまった。もともとハワイ語に興味があったラリーだけは、大学で学んで話せるようになったけれど、兄弟やいとこは誰も話せない。

「こうした学校ができて、ハワイ語がなくなる危機は乗り越えたかもしれないけれど、今もハワイ語の大切さをわかっていない人は多い。だから、教育として効果が出ていることを、わかりやすい形で示していかなくてはいけない。普通の学校よりもこちらが優れた内容でなければ、誰も子どもを入れたいとは思わないだろう?」

確かに、英語さえできれば生きていけるし、ハワイ語ができてもそれだけでは生きてはいけないから、生徒たちはどうしても二重言語生活になる。その環境でハワイ語学校の運営を続けていくのは、大変な労力だろう。

学校の設立当時、ハワイ語は公用語と認められていたとはいえ、すべてのカリキュラムを英語からハワイ語にするというのは、大きな決断だった。社会的な風当たりも強かったし、州の認可もなかなかおりない。だからラリーは、政府と掛け合って法律の制定にも関わり、システムを変えていった。教師の不足も深刻だった。今でこそ保育園の先生、レオ・ナニのように、ラリーから学んだ学生が教える立場になっているが、当時はハワイ語を教えられるのは長老たちしかいなかった。しかし学校で教える資格を得るには、大学で学位をとる必要があった。そこでラリーは、資格についての制度も改めた。こうして障壁をひとつずつ乗り越えて実現したハワイ語教育なのだが、今も厳しい評価が少なくない。そして何より、卒業してもハワイ語を活かせる就職先が圧倒的に少ないことが、大きな悩みになっている。アメリカ的な教育システムが確立されている社会で、ハワイ語学校を続けていくためには、まだまだたくさんの課題が残されているようだ。

ハワイ語教育の意義を聞いてみると、ラリーは少し考えて言った。

「そうだね。一番大きいのは、ハワイ語やハワイ文化を学ぶことで、ハワイアンとしての誇りや自覚が芽生えることだろうね」

ハワイアンの家庭が、貧困に起因するさまざまな問題を抱えていることは以前にも触れた。この学校でも六割の生徒の家庭は、年収二〇〇〇万円程度の低所得者層だという。ハワイは物価も土地代も高いため、日本の年収二〇〇〇万円の家庭と比べても生活はより厳しい。そんな家庭の子どもがきちんとした教育を受けることは、貧困から抜け出すために必要というだけではない。ハワイ語やハワイ文化を学ぶことで、それまで切り離されていた自分と祖先の文化とのつながりに目覚め、見違えるように変わる子もいる。また、そういったつながりを知らない親たちが一緒に学ぶ効果も大きい。学校では週に一度、親のためのクラスを設けている。そこでは言語と歴史、文化、そして家庭内の問題について取り上げている。そうした場をつくることで、親同士がつながり、親自身もハワイアンとしての自覚を感じるのだと、ラリーは言う。

「はじめは言語教育だけにフォーカスしていたけれど、ハワイアンの課題を前にして、もっとできることがあるのではないかと思ったんだ。だから今は、この学校で家族の問題とか、社会全体の問題を扱っているよ」

ハワイ全体で公立校に通う、およそ六万人のハワイアンの子どもたちのうち、チャータースクールやハワイ語イマージョン学校で教育を受けている子どもは、合わせても四千人ほどでしかない。それでも、こうした学校がハワイ語や文化を守り、親たちも含めて意識を高めてきた意義は見逃せない。

✽ことばと文化

ラリーと話していて思うのは、それぞれの文化を反映している言葉には、必ずその言葉でしか表現できないものがあるということだ。ハワイ語を英語に翻訳しても、本来の意味を成さない場合も多い。だから、言葉を失うことは、ハワイの文化そのものを失うことも意味する。例えば「アイナ」が、単に「土地」を意味するものでないことはすでに述べたが、この言葉を失えば、土地とともに暮らしてきた文化そのものも失ってしまうことになる。

ハワイ語学校の実習用カヌー。船の定員は大人３人と子ども７人。小さいけれど宿泊もできる立派な実習船だ。整備をしている航海士のモン・シンタニは、ニイハウ島在住の日系ハワイアン。彼はホクレア号に乗って日本にも行ったことがある。

ラリーの好きな言葉の一つに「ピコ」がある。ピコには、「おへそ」「へその緒」「中心」などいろいろな意味がある。ハワイアンは、かつては子どもが生まれると、へその緒をビンに入れて、聖地である山の頂上に埋めていた。特にハワイ島ヒロの町に近いマウナケア山は、神が初めて創った山なので、聖地の中でも特別なものとされている。そのため、へその緒を持って行くマウナケアの頂上もまた、ピコと呼ばれる。山の上に埋められたへその緒を通じて、自分と祖先、そして大地とのつながりを感じるこの儀式を、今でも行っている家庭がある。「ピコ」という言葉ひとつとっても、「へそ」と訳すだけでは伝わらないこのような文化的背景がある。言葉を守るということは、そういうことなのだろう。

ちなみに、ハワイ諸島で最も高い山であるマウナケアは、空気が澄んでいることや安定した気候のために、世界各国が合計一三基の天文台を設置して、宇宙観測を行っている。日本の国立天文台が設置した「すばる望遠鏡」もここにある。でもハワイアンにとっては、マウナケアは聖地だ。機械を山の上に運んで開発するのはやめて欲しいと願う人たちが、反対運動を起こしている。そのため、今以上には天文台を増やすことはできないという取り決めがされている。ラリーは、

イミロア天文学センター。ハワイ島の3つの山をあらわした外観がまぶしい。ハワイの伝統と自然、科学との融合がテーマになっている。

ハワイアンの文化と宇宙研究は、どちらも大切だと考えている。

「文化的なものと科学的なものは、考え方や方法論は違うけど、『私たちはどこから来たのか』という素朴な疑問から始まっている点では同じことだ。宇宙の始まりは『ビッグバン』と呼ばれるけれど、神話では『ピコ』で表される。大事なのは、お互いの知識をリスペクトすることだね」

そんなラリーの思いを象徴するような施設がある。ハワイ大学のイミロア天文学センターだ。

二〇〇六年にオープンしたこの博物館の設立にも、ラリーが関わっている。ハワイ語と英語でこの展示の解説をつくったときも、どう翻訳するかで頭を悩ませたそうだ。ここは最新式のプラネタリウムなど天文学に関するプログラムが充実している一方で、神話『クムリポ』などハワイアン文化に基づいた世界観も解説されていて、科学と文化の結びつきを感じられる施設になっている。どちらの大切さも知るラリーのような人がいるからこそ、こうした展示ができたのだろう。

天文学センターの前で、この学校の子どもたちがトレーニングをする双胴のカヌーが日差しを浴びていた。夏休みには、この船の帆を風でいっぱいにはらませて、子どもたちが近くのマウイ島やモロカイ島へわたる予定になっている。「ケアエロア（貿易風）」というこの船の名前をつけたのもラリーだった。失われつつあったハワイアンの文化や言葉は、このような旅を通じて、ラリーから若者へ、そしてまたその子どもたちへと受け継がれている。

❇ワイメア渓谷――開発から守られた聖地

この章の最後に、誰もが気軽に訪れることのできるハワイアンの聖地を紹介しておきたい。サーファー憧れの地として知られ、巨大な波が押し寄せるオアフ島北部のノースショア。その拠点となるハレイワの町近くに、豊かな森に囲まれたアフプアアの一つ、ワイメア渓谷がある。

入り口には、ハワイアンが神に祈りを捧げる場であったヘイアウ（神殿、祭壇）がある。このヘイアウは、かつてここにあったものを復元したもので、ロノ神という農業の神に豊作を願うた

ヘイアウ（祭壇、神殿）には様々な形があるが、ほとんどのものはシンプルで、石を長方形に積み上げて作られている。

めにつくられた。鳥のさえずりが心地よい自然保護区には、ハワイの固有種を含めた五千種以上の植物が育っている。中には絶滅危惧種もあって、渓谷ではその保護や調査活動も行っている。寄り道をしながら四〇分ほど緑の中をハイキングしていくと、高さ一二メートルの美しいワイメア滝にたどりついた。滝つぼで泳いでいる人もいる。静かなたたずまいを見せるこの渓谷からは、かつてのハワイアンの寺院、農場、家や墓地などが発掘されていて、一部は復元もされている。ここで人々は、自然と共生しながら伝統的な生活を続けていた。

しかしカアラの谷と同様に、この渓谷も長い間聖地であることを忘れられていた場所である。静けさが戻ったのはつい最近、二〇〇三年のことだ。一九七〇年代以降、企業が所有するようになったこの場所は、観光客向けのテーマパークとして利用され、滝からのダイブショーや四輪バギーの乗り回しなどが行われていた。さらに、滝の上に高級住宅街を作る計画も持ち上がる。そこで地域の人々が立ち上がり、これ以上の開発に反対の声をあげたという。住人たちは自治体と

ワイメア渓谷の文化プログラム・コーディネーターのアラン・ダイヤモンド（写真右）は、ハワイ大学ハワイアンスタディーズの卒業生だ。この渓谷では、自然保護と環境教育が主な目的とされている。一般公開されている300エーカー（約37万坪）の土地は一部だけで、まだ調査もされていない場所がその５倍もある。また、ハワイアンクラフトの教室や、ハワイ語のワークショップなどの文化的な学びの場も開催されていて、親子でも楽しめる。

ワイメア滝。スタッフによると、たいていの光客はこの滝だけ見て帰ってしまうが、ほかも見どころはたくさんあるのでじっくり見て行て欲しいと言う。

協力して、お金を出しあってこの土地を購入した。こうした経緯があるので、現在この渓谷を管理している会社は、頻繁にコミュニティミーティングを行いながら、地域の人の意見を取り入れている。また、ここで開催されているカルチャー教室には、観光客に混じって、地域の人々が家族ぐるみで参加している。チャータースクールと同じように、ここでも地域の人々がハワイの文化を守るために支え合っているようだ。

　このワイメア渓谷に代表されるように、ハワイ各地では千年近くにわたって、ハワイアンの持続可能な暮らしが営まれていた。もし、キャプテン・クックたち欧米人がハワイを「発見」することがなければ、そのまま次の千年も、ハワイアンは同じようなスタイルの暮らしを続けていたのかもしれない。ところが、わずかこの二〇〇年足らずの間にハワイ社会は激変した。自らがよって立つ土地を失い、人々の絆やアイデンティティも失って、漂流し続けたハワイアンが最後にたどり着いたのが、彼らのルーツだった。

もちろん、かつてのハワイアンとは大きく生活が変化している現代で、以前と同じ伝統的な暮らしができるわけではない。それでも、ほぼハワイから消えてしまったタロ栽培の技術や自然と共生する知恵、そしてハワイ語をはじめとする様々な文化を取り戻そうとしてきた人々の挑戦の意義は、とてつもなく大きい。彼らとの出会いから感じたのは、ハワイアンの伝統文化はこれからも消えることなく、現代に合わせた新しい形をとりながら、社会に根付いていくだろうという手ごたえだった。

Ⅱ　基地の島を歩く
——太平洋のモンスター

戦艦ミズーリの主砲（パールハーバー）

❇ハワイ最大の観光地

「人気の観光スポットにようこそ！」

パールハーバーに同行してくれた、日系四世のカイル・カジヒロ（四六歳）がおどけて言う。彼は、アメリカの基地反対運動を率いるアメリカンフレンズ奉仕団というＮＧＯのハワイ代表だ。カイルは、人々が抑圧されている場所や、住民集会があるところに積極的に出かけて行って、政府や軍と交渉する。ほかにも、講演会や調査活動、海外の団体とのネットワーキングもしている。だから、ハワイの平和運動に携わる人はたいてい彼のことを知っているし、リスペクトしている。

ハワイの軍事拠点であるパールハーバーは、年間一五〇〇万から二〇〇〇万人の観光客が訪れる、ハワイ最大の観光地でもある。カイルは、ここに軍港が作られる以前の地図を見せてくれた。かつては、湿地帯に豊かなタロ畑と魚の養殖池が広がり、オアフの食料庫と呼ばれていた。近くを流れるワイモミ（真珠の水）という川では、実際に真珠がとれるほど水が澄んでいたという。

一九四一年一二月七日（ハワイ時間）に日本軍がここ、パールハーバーを奇襲したことで、日米の戦争が始まった。港を見渡せる広場の周囲には、第二次大戦で使用された潜水艦や魚雷、その後の軍拡で開発されたミサイルなどが、「強いアメリカ」を誇示するように並ぶ。正面の海には、真っ白な横長の建物が浮かんでいる。日本軍の攻撃で沈没した戦艦アリゾナの、船影の真上につくられた追悼施設、アリゾナ・メモリアルだ。その左手には、日本政府がその甲板で降伏文書に調印した巨大戦艦のミズーリが鎮座する。
アリゾナ・メモリアルという「戦争の始まり」と、戦艦ミズーリという「戦争の終わり」を、並べて展示しているこの施設のメッセージはとても明確だ。「俺たちは準備ができていなかった。しかし卑劣な敵に立ち向かい、最後には勝利した」という、アメリカの正義と勝利の強調だ。カイルはこの場所の役割を、「暴力の連鎖を肯定して、次の戦争を準備するシステム」だと分析している。

パールハーバーで、埋め立て前の地図を広げるカイル・カジヒロ。

「家族連れもたくさん来ているよね？　ここは、若い世代が『戦争の文化』を受け継ぐ役目を果たしている。こういうところで教育されると、『自分たちを守るために軍隊は必要だ』と当然のように考えてしまうんだ。だから軍縮の話に興味を持たなくなる。でも、よく考えてほしい。なぜハワイは攻撃されたの？　日本がハワイの魚を欲しかったから？　そうじゃない、基地があったからだ。本当は軍隊は安全をもたらしていないのに、人々はそういう幻想にとらわれてしまう。ここはそうしたイデオロギーを作る工場なんだよ」

アメリカの正義と勝利の象徴、アリゾナ・メモリアル（右）と戦艦ミズーリ（左）

カイルは、もう一つ大切なことを言った。それはパールハーバーへの攻撃を、日本とアメリカという二つの国家の視点だけで見てはいけないということだ。

「日本がひどいことをした、という単純化されたストーリーからは、ハワイを軍事化して戦争に巻き込んだアメリカの責任は見えてこない。太平洋戦争は、二つの帝国主義国がぶつかって起きたと理解するべきだ。そして間に挟まれたハワイや沖縄のような小さな島が犠牲になったんだ」

それについて、Ⅰ章で併合反対署名を見せてくれたテリー・ケコオラニ（54ページ参照）もこんな話をしてくれた。

「消防士だった私のおじいちゃんは、日本軍の攻撃で重症を負って、半身不随になってしまったの。おじいちゃんは亡くなるまで、よくけいれんを起こしていたわ。そのたびに、私や母がマッサージをした。でも私は『リメンバー・パールハーバー』なんて言わない。だって、そうなった責任はハワイを攻撃した日本と、ハワイを軍事化したアメリカの両方にあると思うから」

ハワイが米軍にとって重要拠点であることは間違いない。その一方で、ハワイの産業界にとって軍のもたらす経済的な利益は欠かせないものとなっている。だからハワイではよく、ハワイと米軍は一体だと言われる。でもそれは本当だろうか？　ハワイを軍事化したのは、アメリカの都合でしかない。そして軍のもたらす経済的利益の裏には、数々の問題も起きている。この章では、「アメリカの軍事基地としてのハワイ」を取り上げながら、カイルやテリーが語る「アメリカに軍事化されたハワイ」という視点からも見ていくことにする。まずは、軍事と観光の結びつきを示すこのパールハーバー周辺施設を訪れてみよう。

❇パールハーバーの復讐者

海上にあるアリゾナ・メモリアルへ行くには、まずビジターセンターで数分間のビデオを見る必要がある。日本軍の奇襲攻撃を伝える映像では、航空機の攻撃によって炎上するパールハーバーと、噴煙を上げて瞬く間に沈んでいく戦艦アリゾナが映し出される。悲痛なＢＧＭをバックにこの映像を見ていると、これから訪問するアリゾナがたった今沈んだかのような不思議な感覚に陥ってくる。ビデオが終わると、ボートでメモリアルへと渡る。メモリアルからは、さびついたアリ

真っ白な壁に犠牲になった1177名の兵士の名が刻まれているアリゾナ・メモリアル。

ゾナ号の姿を見下ろせる。そこからは、今も海面に油が漏れ出し、浮き上がってきていた。真っ白な壁には、戦艦と運命をともにした一一七七名の兵士の名が刻まれ、その下に花が飾られている。周囲はほとんどアメリカ人で、みな黙って悲しみに慕《した》っていた。

ここを訪れる日本人観光客は、「平和の記念碑」のように理解する人が多いようだ。たいていの日本語の旅行ガイドにも、これら戦争関連の施設については言葉を濁して、「戦争と平和について考えてみよう」などと書いてある。でもカイルが言ったように、ここは「パールハーバーの悲劇を繰り返さないために、強い軍事力が必要だ」というメッセージを伝えている場所だ。カイルは、アメリカ人の戦争観を変えていくためには、この施設が発信するメッセージを、復讐の「リメンバー・パールハーバー」ではなく、戦争を繰り返してはいけないという「ノーモア・ヒロシマ」のように変換していくべきだと思っている。

その「リメンバー・パールハーバー」を象徴する潜水艦も公開されている。第二次大戦で、多数の日本の船を撃沈した潜水艦ボーフィン号だ。「パールハーバーの復讐者」とも呼ばれるこの艦の艦橋（海上に突き出ている部分）には、びっしりと「日の丸」のマークが記録されている。日本の艦船を撃沈するごとに、ここに「日の丸」が加えられていった。軍艦、輸送船など、船の種類別にマーク

「パールハーバーの復讐者」ボーフィン号

艦橋の「日の丸」の印

対馬丸記念館：沖縄の那覇市には対馬丸記念館があり、生存者の証言や児童の遺影などを公開している。高良政勝さんは、記念館の会長をつとめている。http://www.tsushimamaru.or.jp/

を変えている。誇らしげに印された「日の丸」の一つは、たくさんの疎開児童を乗せた、対馬丸という船だった。

一九四四年、沖縄に戦火が迫る中、日本政府の指示により民間人の疎開が進められていた。八月二二日、対馬丸は、多数の疎開児童を含む、一七八八人の疎開者を乗せて、沖縄から長崎に移動中、ボーフィン号の魚雷を受けて沈没した。船倉にすし詰めになっていた子どもたちの多くは、甲板に上がることさえできなかったという。生き残ったのはわずか二二七人、名前がわかっているだけで一四一八人（七七五人の児童を含む）が犠牲になった。家族一一人で疎開しようとした当時四歳の高良政勝さんは、自分と一七歳の姉をのぞく九人の家族を亡くしている。

対馬丸を撃沈したボーフィン号はその後、アメリカの国定歴史建造物に指定され、このパールハーバーに「英雄」として展示された。ここで対馬丸の悲劇が伝えられることは決してない。一方、多くの子どもたちを乗せていた対馬丸は、今も鹿児島県の悪石島《あくせき》付近の海底に沈んでいる。

❇戦争テーマパーク

日本政府がこの甲板で降伏文書に調印した戦艦ミズーリ。

全長二七〇メートル、高さ六四メートル。アメリカ海軍で最大級の大きさを誇る戦艦ミズーリは、さすがに威圧的だ。この艦の甲板で、日本の降伏文書の調印式が行われたことは述べたが、艦はその後も改装を重ね、一九九一年の湾岸戦争まで使用されていた。そのためこの艦船は、何重もの意味でアメリカの勝利のシンボルとなっている。

見どころは、降伏文書をサインした甲板や、巨大な砲塔、そして日本の特攻機が激突した傷跡などいくつかある。それにしても、この場のなんとも「軽い明るさ」には違和感を覚える。星条旗だらけの通路を歩いてたどり着いた入り口では記念写真を撮られ、その横には兵士のコスプレができるようにヘルメットが置いてある。「ビクトリーストア」という名のお土産屋に、様々な

ゲームセンターのようなフライトシュミレーター
（太平洋航空博物館）

基地と軍隊はハワイ市民にとって身近な存在だ。写真はワイキキにある陸軍博物館。ここではベトナム戦争や朝鮮戦争の様子も伝えている。

「ビクトリーグッズ」が売っているのを見たときは笑ってしまったけれど、全体的な印象としては、まるでテーマパークだ。戦勝国ならでは明るさなのだろうか。ハリボテならともかく、幾多の戦場を潜り抜けた歴戦の艦ならではの命の重みなど、まるで感じられない。

ミズーリの横には、二〇〇七年に開館した太平洋航空博物館がある。ここは二〇一〇年に全米の航空アトラクション・トップ10に選ばれた人気の博物館で、開館から四年たたずに入場者数五〇万人を突破している。ここでは太平洋戦争に使用された日米の航空機を、ジオラマにして展示している。ぼくの目を引いたのは、一角で行われていた「フライトシュミレーター」という空中戦体験ゲームだった。オアフ島観光局のホームページでは、こう紹介されている。「米海軍のワイルドキャットまたは日本軍の三菱零戦を操縦し、臨場感あふれる空中戦を体験することもできます」。新しい施設だけに、積極的にアトラクションとしての機能を果たそうとしているのだろう。

この施設では、修学旅行の募集や体験飛行など、子どもへの「教育」も熱心に行っている。こういう場所で戦争プロパガンダを「教育」された子どもたちは、軍隊が身近な存在になっていくはずだ。なるほど、先ほど感じたぼくの違和感はこういうことだったのか、と思った。この一連の施設は、米軍のプレゼンスを示し、将来の新兵をリクルートするためのものだ。そのためには、命の重みなど感じられない方がいいに決まっている。軍隊は格好良くて、ヒーローになれる場所であることを示せればよいのだから。

❇みんなの利益

手元に、「私たちみんなの利益」と題されたパンフレットがある。ここには、米軍がハワイにどれほどの利益をもたらしているかというデータが載っている。二〇〇八年に生み出された雇用は九万二千人。経済効果として、直接的な利益だけで六八億ドル（約六千億円）、間接的なものを入れると一〇一億ドル（約一兆円）にものぼっている。これは、観光産業に次ぐ収益だ。だから、「皆さん軍に感謝しましょう」とパンフレットは呼びかける。ちなみにぼくが訪れた五月は、軍への感謝月間になっていて、兵士やその家族を対象にした様々なイベントが開催されていた。

ハワイでは、五、六人に一人が軍関係者と言われる。パンフレットによると、軍人とその家族

「みんなの利益（Benefit All of Us）」を説明するパンフレット。

が約一二万人、基地内で働く民間人が一万五千人、そして退役軍人が一一万五千人いる。これだけでも、約一三〇万のハワイ人口のうち二五万人を占めている。これは「身近」というレベルではない。それが軍を自分たちの家族のようにとらえる風潮にもつながっている。

このパンフレットを作成したハワイ州商工会議所は、ハワイの産業界を取りまとめる団体で、産業界と軍の結びつきについて聞くには最もふさわしい組織だ。対応してくれたチャーリー・オオタ（七三歳）は、軍との交渉をまとめる「軍事委員会」の副代表である。実は彼自身も、空軍を退役してからここに勤務している。定年まで勤めた職業軍人が、天下りで商工会議所の重役になっているということに驚いた。彼の存在そのものが、産業界と軍の結びつきの強さを表している。オオタは、「米軍との強いパートナーシップ」の例として、毎年一月に行われる合同会議の話をしてくれた。

「この会議はとても重要で、軍のトップと商工会議所、州政府の代表とで話し合う場だ。内容は、軍の生活を良くするために何ができるかとか、軍のために州の法律を整備すること。そして兵士の子どもが良い教育を受けられるようにといったことも話している」

要するに、ハワイを軍にとって都合のいい社会にしていくために、政治と産業が協力する会議ということになる。これ以外にも彼が重視しているのが、ワシントンの有力議員やペンタゴン（国防総省）のトップとの会談だった。訪問の前には、必ずハワイの軍からニーズを聞いて、ワシントンに伝える役目も果たしているのだという。ここまで来ると、協力体制というより、完全に軍と一体になってしまっている。こういうものを「軍産複合体」というのだろう。

チャーリー・オオタは、空軍にいるとき返還前後の沖縄で過ごしたことがある。奥さんはハワイ生まれだが、その両親は沖縄から来た移民だ。2008年に、久しぶりに沖縄を訪れて、その経済発展ぶりに驚いたという。彼は「沖縄の発展や、彼女の親戚が豊かになった様子を見ると、沖縄に米軍がいて良かったのではないか」と語った。

ぼくが皮肉を込めて「ずいぶん強い結びつきですね」と言うと、「そうだね、初めはひと騒動あったけど、ここまで七〇年かけて信頼関係を築いてきているからね」と嬉しそうに答える。彼が言うように、ハワイがここまで軍に依存するようになったのは、約七〇年前の一九四一年からだ。

アメリカに併合されて以降、ハワイ各地には基地が作られ訓練も行われるようになったとはいっても、一九三〇年代までは、軍の存在感は今ほど大きくなかっ

米国国防費の推移

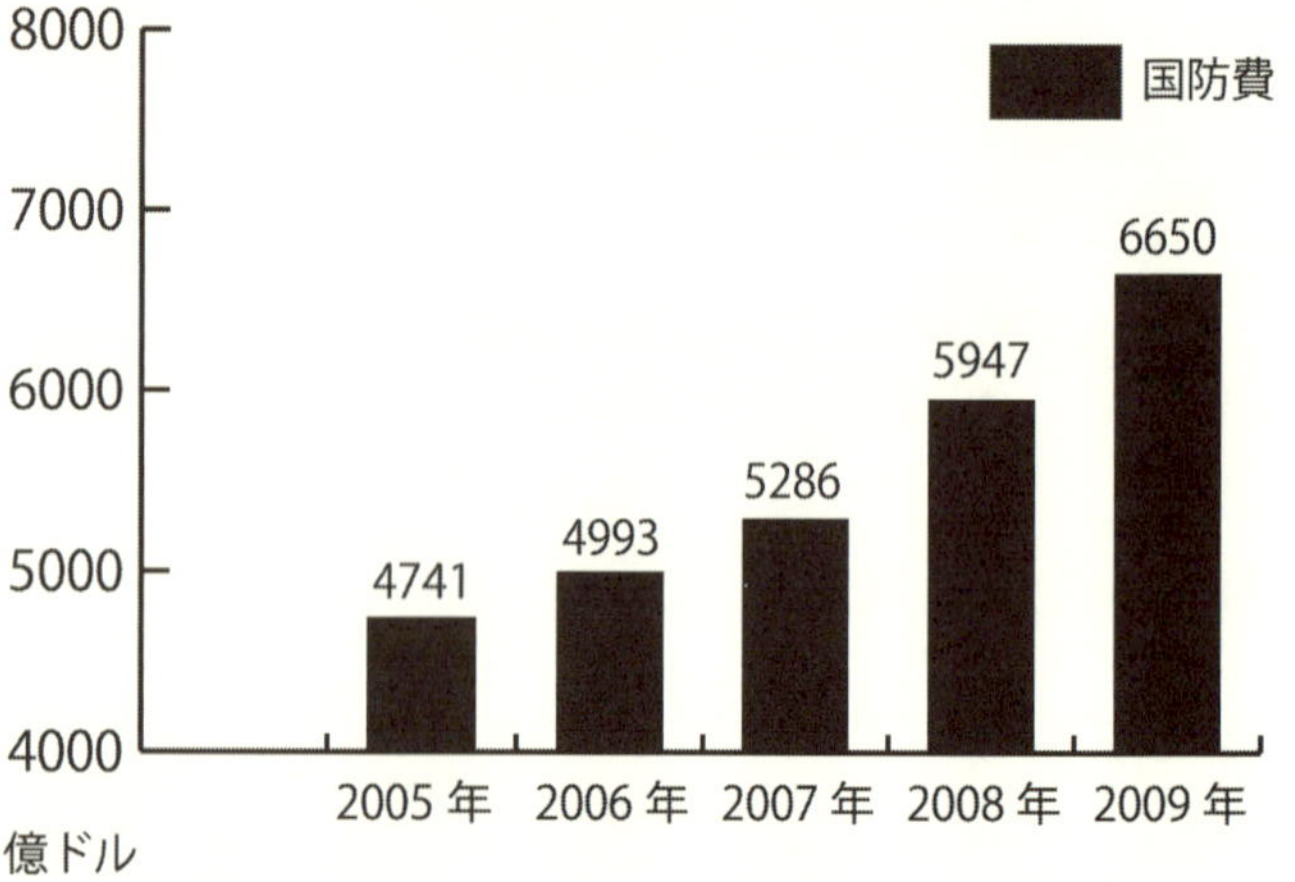

アメリカの軍事費：そもそもハワイで軍への依存度が年々高まっている理由は、アメリカ全体の軍事予算が、度を越えて増えていることと関連している。そのため政治家は、地元にどれだけの軍事関連の事業を引っ張ってくることが出来るかという競争をしてしまう。（出典：米国防総省より）

た。しかし、一九四一年に始まる日本との戦争を境にそれが変わる。パールハーバーが攻撃された後、当時人口四〇万人ほどのハワイに、一〇〇万人以上の兵士が送り込まれることになった。そのため当時のホノルルの混雑ぶりは、たいへんなものだった。急激に増えた兵士たちが、酒を飲んで騒いだり、女性を強引に連れ去ろうとすることが繰り返されて、住民の反感を招いた。オオタの言う「ひと騒動」とは、そのことだ。

「でも、軍と住民がもめたのはそのときだけ。今はベリーベリーグッドだ！」と微笑む。

オオタは、沖縄で問題になっているような兵士による犯罪も聞いたことがないという。もちろん隠されている事件はあるはずだが、「外国の軍隊」である沖縄とはだいぶ事情が違うのだろう。では、まったく問題がないかというと、そうでもない。一番の問題は基地による環境汚染だ。ハワイは小さな島だから、汚染がひどいと回復できなくなるとの心配もある。でも、話し合いで汚染を取り除く努力もしているし、大多数の住民は十分満足しているのだという。

もし世界が平和になって、基地が必要なくなったらどうするのかをオオタに尋ねてみた。

「もちろん、いつか中国や朝鮮半島、イランなどの問題が解決されたら、軍はハワイからなくなるかもしれない。でもそんなに簡単ではないし、もし本当に基地がなくなってしまったら、ハワイの人たちはどう生きていけばよいのだろう？　経済はどうなってしまうのか心配だ」

こうした産業界のニーズを受けて、世界のどこかで、戦争や緊張関係を続けなければならない構造がつくられていくのだろう。「危機があるから基地が必要」なのではなく、本当のところは「基地が必要だから危機をつくる」ということになっているのではないか。でもそうして目先の利益を求めていくことで、狭い土地に基地を押し付けられているハワイや沖縄で起きている問題、あるいはイラクやアフガニスタンで犠牲になっている人々のことが見えなくなってしまう。商工会議所は「みんなの利益」と言うけれど、その「みんな」に含まれない人が誰なのかを考えなければならないはずだ。

❇えひめ丸事件

軍と産業との強い結びつきが招いた事件がある。二〇〇一年二月九日、オアフ島沖で原子力潜

事故後、ドックで修理をするグリーンビル（US Navy Photo）

水艦グリーンビルが、愛媛県宇和島水産高校の実習船・えひめ丸に衝突した「えひめ丸事件」だ。海中から突如浮上したグリーンビルの衝撃で、くの字に折れ曲がったえひめ丸は五分もたたずに沈没、脱出できなかった高校生四人を含む九人が犠牲になった。また、救助された人のうち九人がＰＴＳＤ（心的外傷後ストレス障害）になったと診断されている。

チャーリー・オオタは、「あれは単なる不幸な事故だから、二度と起こらない」と言っていたけれど、果たしてそうだろうか。事件の原因の一つには、潜水艦に一六人の民間人が乗っていたことがあげられている。これは、海軍が企画する「特別招待客プログラム」というもので、政財界の要人、ジャーナリストなど影響力のある民間人を招いて、軍への支援をアピールする広報活動だ。軍にとって、艦船の建設や維持のための予算を獲得するため、影響力のある人々に好感を持ってもらうことは重要だ。そのため艦長は、こうした体験航海で「お客様」に満足してもらうため、潜水艦内部の案内だけでなく、ジグザグ航行や緊急潜行、そして緊急浮上といった、危険をともなう「パフォーマンス」を行う。こうしたことは公式には禁止されていたが、海軍は、この事件が起きるまで組織として頻繁に行っていた。えひめ丸との衝突も、必要性のない緊急浮上が直接

愛媛県宇和島水産高校生ら、犠牲になった９人の名が刻まれたえひめ丸慰霊碑。

の原因になっている。しかし事件の責任はうやむやにされ、事故を起こしたスコット・ワドル艦長は軍法会議にかけられることなく、名誉除隊している。そして、アメリカ海軍のあり方が問われることはまったくなかった。事故から一〇年が経つが、この間アメリカ政府だけでなく日本政府も、事故の真相究明の努力は何ら行っていない。

現在も海軍で招待客プログラムが続けられているかは不明だが、軍と民間の結びつきが強ければ強いほど、世界のどこかの海で、こうした事件は繰り返されるだろう。

ホノルルのダウンタウンの一角、カカアコ・ウォーターフロントパークの小高い丘の上に、えひめ丸の慰霊碑がある。亡くなった高校生らの名が刻まれた慰霊碑の中央には、船体から回収されたえひめ丸のイカリが飾られていた。この慰霊碑の存在は、地元の人にもそれほど知られていない。しかしこの丘からは、事件現場となった青く澄みきった海を見渡すことができる。美しい風景を臨みながら、犠牲者の冥福を祈った。「単なる事故」では済まされないこのような出来事が繰り返されてはならない。商工会議所が語る「みんなの利益」とは一体何なのか。そんな思いが、改めて胸にこみ上げてきた。

❇ハワイの黒幕

旗、旗、旗……。周囲は、どこを向いても風にはためく星条旗で埋め尽くされている。この日だけで、もう一生分のアメリカ国旗を見てしまった気がする。ホノルルを一望できる山のクレーターの中にある国立太平洋記念墓地（通称パンチボウル）には、第二次大戦だけでなく、朝鮮戦争やベトナム戦争での三万人を越える米軍の戦死者が眠っている。ここでは、毎年五月の最終月曜日に、戦死した兵士を追悼する「メモリアルデー」というセレモニーが行われている。集まったのは、軍関係者や遺族、そしてホノルル市民などあわせて五〇〇人ほどだった。献花のセレモニーの後、スピーチに立った年配の男性には、右腕がない。彼がハワイで最も有名な政治家、ダニエ

翻る巨大な星条旗の半旗。

メモリアルデーの式典

ル・イノウエ（八五歳）だ。

「私たちが日々、自由を享受できるのは彼らのおかげです。犠牲になった兵士、今も戦地で戦い続ける同胞の勇気を心にとどめ、自由と民主主義のために犠牲になった彼らを追悼しましょう」

黙祷《もくとう》が終ると、兵士が空に向けて放つ空砲を合図に、爆音を響かせてワイキキの方から飛来した四機の戦闘機が上空を駆け抜けて行った。静かな追悼式をイメージして来たけれど、このド派手な演出はさすがアメリカだなと思う。

日系二世のダニエル・イノウエは、ハワイ州選出の民主党上院議員として、一九六三年から五〇年近くワシントンに影響力を持ち続けてきた。だから彼は、ハワイだけではなくアメリカの政界の重鎮でもある。ぼくの同行者のカイル・カジヒロは、イノウエのことを「ハワイの黒幕」と呼ぶ。それは、彼がハワイを軍事化してきた張本人だからだ。カイルたちが行う調査や抗議行動のほとんどの案件には、イノウエが関わっている。

イノウエは国防総省や軍需産業と太いパイプを築き、ハワイの経済を活性化させるために、本土から次々と軍関係の事業を請け負ってきた。二〇〇六年には、

ダニエル・イノウエ。アメリカ初の日系人議員。現在は米軍の予算に大きな影響を持つ上院歳出委員会の国防小委員会で、上級委員を務めている。日系ハワイ人のエリック・シンセキ大将の陸軍参謀総長への就任を強く推薦した。

モカプ半島のカネオへ海兵隊基地

山を貫くＨ−３ハイウェイ。このＨ−３をはじめオアフ島にある３本のハイウェイは、いずれも軍の都合で作られたものだ。特にこのＨ−３建設には莫大な費用と時間がかかっている。１キロあたり540万ドル（約５億円）にのぼることから「世界一高いフリーウェイ」と揶揄されている。

イノウエが計画した大学と海軍との共同研究所が、ハワイ大学に設置される寸前まで行ったこともある。そうすることで軍からより多くのお金がハワイに入る予定になっていた。法律では、公立学校が軍のための研究などしてはならないことになっているのに、極秘に行われていたのだ。しかし、ハワイアンの学生がそれを告発して、反対の声をあげた。カイルたちＮＧＯのメンバーもそこに加わり、メディアの注目も集まったために、本格的な契約を結ぶことが出来なくなった。

また、一九九七年に開通したパールハーバーと東部のカネオへをつなぐ、Ｈ—３ハイウェイ建設をめぐっても、イノウエは大きな役割を果たしている。軍が占有するカネオへ海兵隊基地まで続いているこの道路は、輸送や移動を円滑にするため軍の都合で作られたものだ。山を貫くこのルートには、多数の絶滅危惧種が存在し、ハワイアンのヘイアウ（神殿）もあったため、三〇年以上にもわたって激しい反対運動が繰り広げられてきた。貴重な自然を破壊することが明白なH―3建設計画は、環境アセスメントが行われていたら中止になる可能性が高かった。ところがイノウエは、この道路を作るために環境アセスメントは必要ないという新しい法律を作り、それが決め手となって開通することになった。

ハワイの軍事化を進めてきたイノウエが、これほど長い間選ばれ続けてきた理由は二つある。一つは、彼が軍から持ってくる利益で私腹を肥やすのではなく、実際にハワイの産業を潤わせているからだ。そのため、財界から強い支持を受けてきた。そしてもう一つは、彼がハワイの人々にとって「生きる伝説」だからだ。

耐え忍んできたハワイ日系人社会の歩みを象徴するように、ハワイ日本文化センターには、「犠牲」「名誉」「仕方がない」といった一世の人々が大切にしてきた言葉が刻まれた石碑が並べられている。

❇伝説の部隊

ダニエル・イノウエは、アメリカ陸軍史上もっとも多くの勲章を受けた「伝説の部隊」、四四二連隊の英雄だ。日系人だけで構成されたこの部隊の主力は、ハワイの日系二世だった。日米戦争が始まると、アメリカで生まれ育った二世たちは、アイデンティティはアメリカ人なのにも関わらず、「敵」の日

ハワイ日本文化センターでボランティアをしている日本人の林さん。現在センターでは、ハワイの日系人が収容された歴史を調べている。日系人の収容というとカリフォルニアが有名だが、ハワイに収容所があったことはあまり知られていない。収容された人々の証言を集めたり、300人が収容されたハワイのホノウリウリ収容所（写真右）の調査にも力を入れている。

本人と同一視され、憎しみと差別の対象になってしまう。そしてアメリカに忠誠を示すために、壮絶な戦いを繰り広げることになった。

日系人の寄付で設立されたハワイ日本文化センターで、当時の日系人が置かれた立場が見てとれる。「おかげさまで」と名づけられた展示エリアでは、サトウキビ農園の労働者として移民してきた日系人の歴史がわかるようになっている。移民一世が期待と不安を胸に船でやってきた当時の荷物や、プランテーション労働の道具、過酷な労働条件の改善を求めてストライキを起こしたときの写真が並ぶ。再現された小学校の教室の壁に描かれた「アメリカ人として受け入れられるためには何をすべきか？」との言葉からは、白人優位のハワイで、必死になって異国に溶け込もうと努力する痛々しい思いも伝わってくる。

そんな日系人に衝撃を与えたのが、日本軍によるパールハーバー奇襲だった。当時医学生だったダニエル・イノウエは、上空を飛ぶゼロ戦に向かって「ジャップのくそったれ！」と叫んだという。日本との戦争が始まると、アメリカ本土で西海岸に住む日本人移民とその子どもたち約一〇万人が、内陸につくられた収容所に送り込まれた事実はよく知られている。ハワイの場合は、日系人の人口が約四割を占めていたので、さすがに全員を収容するわけにはいかなかった。それでも、日本語学校の教師、僧侶や牧師など、コミュニティのリーダーとみなされた人々とその家族、合わせて約二千人がハワイやアメリカ本土につくられた施設に収容されている。

その様子は、日本文化センターで上映されている『頑張れ』という短編映画でも描かれている。父親は、家族に向けて「どんなときも頑張るんだ」という手紙を残して収容されてしまう。残された人々は、アメリカ人として暮らしてきたにも関わらず、スパイではないかと疑われ、アメリカへの忠誠心を示さなければならなくなった。

それは、ハワイ出身の一四〇〇名の日系二世による第一〇〇大隊の結成へとつながっていく。一〇〇大隊の活躍を受けて、ハワイとアメリカ本土の日系志願兵からなる四四二連隊（後に一〇〇大隊が吸収される）も結成。「ゴーフォーブローク！（当たって砕けろ！）」を合言葉にした彼らは、ヨーロッパ戦線でドイツ軍と勇猛果敢に戦い、米軍が驚くほどの勲功を挙げた。戦後、当時の大

イオラニ宮殿前で行われた日系移民125周年を祝う盆踊り大会（2010年６月５日）。ここでも主役は442連隊の元兵士だった。

統領であるトルーマンは、四四二連隊をホワイトハウス前に整列させ、「君たちは敵と戦ったばかりでなく、偏見とも戦い、そのどちらにも勝利した」と称えている。大統領に直々に称えられた部隊は、後にも先にもこの四四二連隊だけだ。

しかし、その犠牲も凄まじいものだった。四四二連隊では、従軍した約七五〇〇人の日系二世のうち、七〇〇人あまりが戦死、一七〇〇人あまりが重傷を負っている。彼らは危険な最前線で消耗品のように扱われてきたのである。ダニエル・イノウエも、終戦の二週間前にイタリアで右腕を失っている。

戦後、多くの日系兵士は「ＧＩビル」という戦歴のある者に与えられる奨学金によって大学に進学し、政治家や弁護士、医師、エンジニアなどに就いていった。これらの仕事は、肉体労働しか選べなかった彼らの親世代からすれば、大きな躍進だった。今日、ハワイの日系人が比較的裕福な地位を築いている背景には、四四二連隊の功績がある。

戦後の日系二世が特に力を入れたのは政治だった。経済力では白人にまったく勝てなかったが、日系人の人口が多いだけに、選挙では勝てる可能性が高かったからだ。そして一九五四年のハワイ議会選挙で、一四人の日系人が当選したことをかわきりに、日系アメリカ人の社会進出が目立っ

キャンプ・スミスの太平洋軍司令部

て増えていく。イノウエは、「片腕のヒーロー」として日系で最初の上院入りを果たした。そして一九六八年には、二度と強制収容を行わないという法案を提出している。一九五九年のハワイの州昇格に関しても、本土との不平等を改善しようとする日系人の力が大きく影響した。そうした活動が、日系人への差別の解消や、社会的な権利の獲得につながっていったことは確かだ。

四四二連隊の死闘は、ハワイの日系移民が成功し、現在の地位を手に入れたサクセスストーリーのシンボルになっている。だから今も、元連隊兵士は日系人社会の英雄である。アメリカと日本のはざまで翻弄された当時のイノウエのような若者たちにとって、アメリカ人として認められるためには、銃を手にする選択肢しかなかったのかもしれない。しかしその後権力を握ったイノウエが、軍と癒《ゆ》着《ちゃく》してハワイにもたらしてきたものは、一体何だったのかということも問わなければならない。ダニエル・イノウエと同じ日系でも、彼とは対照的な生き方を選んだカイル・カジヒロとともに、軍事化されたハワイをめぐってみることにしよう。

❊モンスター——太平洋軍司令部

「向こうに見える白い建物は武器庫で、核弾頭が入っている。そしてこの黄色い建物が、地球のほぼ半分をカバーしている太平洋軍司令

ワイアナエの山の上にあるレーダー

部だ」

パールハーバーを見渡す丘に面した、キャンプ・スミスという基地でカイルが言った。第二次大戦のあと、米軍はハワイにアジア三六カ国を統括する太平洋軍司令部を創設した。それは今、世界最大の司令部になっている。

しかし目の前の平凡なコンクリート製の建物が、地球の半分をカバーしていると言われても、ぼくには実感がわかなかった。それが伝わったのかもしれないが、カイルは米軍の太平洋戦略を巨大なタコの怪物に例えて説明してくれた。

「ハワイは、巨大なタコの頭だと思ってくれればいい。ハワイの山や海のあちこちにはレーダーや追尾システムが備え付けられている。それが、太平洋からアジアまで監視するタコの目と耳になっている。こうしたシステムは海の底から宇宙空間まで伸びていて、カリフォルニアからミサイルを撃って、マーシャル諸島に届かせることも簡単だ。そして大きな足で、グアムや沖縄、韓国、マーシャル諸島などをつかんで基地をおいている。タコの足は切ってもまた生えてくるよね。それと同じように、どこかの基地がなくなっても、他の場所に移設するんだ。この迷惑なモンスターを止めるためには、まずはその頭脳、つまりハワイを変える必要がある。そして各地で個別にタコの足と闘ったり押し付けあったりするのではなく、太平洋全体で協力して、追い出していかなければいけないんだ」

現在ハワイにある軍事施設は一五二カ所。その面積は、ハワイ諸島全体の五・七％、オアフ島では二二・四％を占めている。それだけでも大きな割合だが、もともと山がちなハワイの島には平地が少ない。だから二二％といっても、使いやすい土地を軍が優先的に使っていることになる。一方、かつて基地として使われていて、現在は州に返還されている例もある。しかし、まだ不発弾や汚染がひどく、実際には人が入れない場所も多い。ハワイ島には、すでに住宅や小学校ができていて、子どもが通っているのに、工事のたびに不発弾が出てくるという危険地帯もある。そのような施設も含めると、軍の影響下にある地域の割合はさらに大きい。

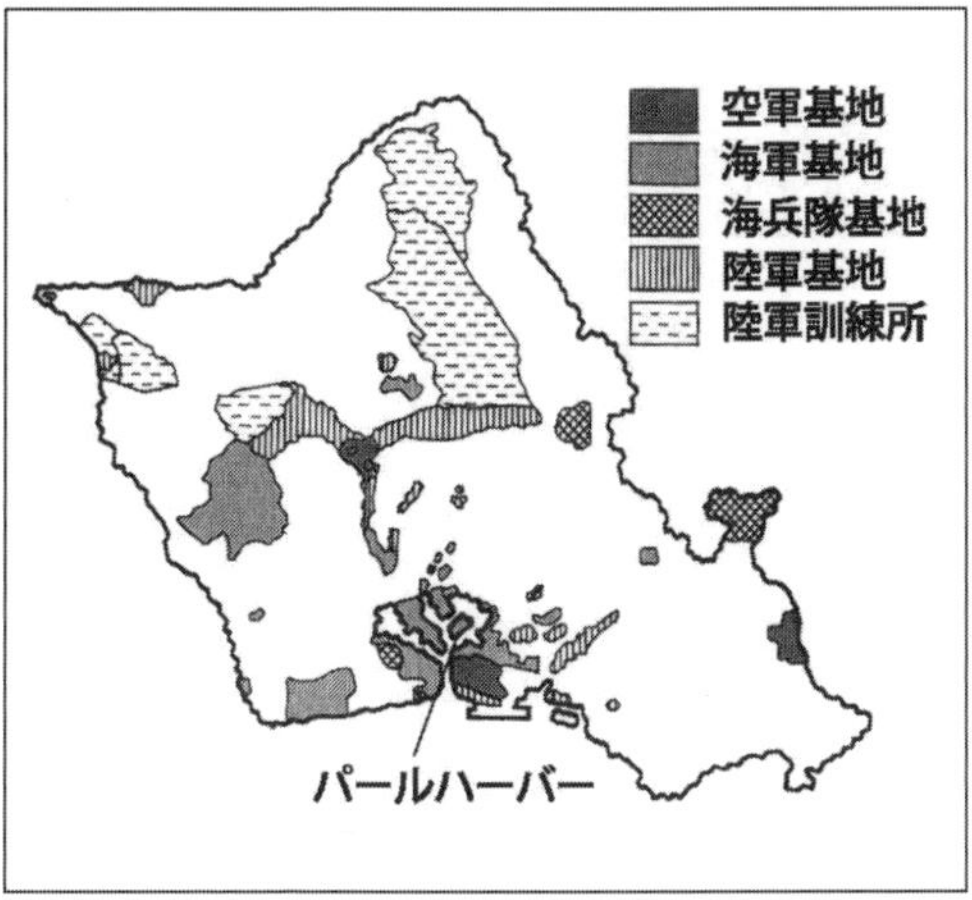

オアフ島の４分の1の面積は基地が占めている。

「このタコは、やっかいなウンチも出しているんだ」

冗談交じりにカイルが言うのは、あれだけ軍と一体化していた商工会議所でさえ心配していた、汚染の問題だ。パールハーバーの周囲だけでも、七五〇カ所が汚染されている。ジェット燃料は地下水に流れ込み、原子力艦からは放射性物質が漏れ出す。発ガン物質を含む強力な洗

パールハーバーの近くの、かつて軍事施設だった場所。発ガン物質などで汚染されているため、現在、除染作業が行われている。しかしすぐ近くで、幼稚園やデイケア施設が運営されている。

軍用ショッピングセンターでは、商品が格段に安く手に入る。

浄剤は、土や海に流れ出ている。かつてはオアフの人々の食料庫だったパールハーバーは、今や全米で最も汚染された地域になってしまった。パールハーバーだけではない。これまでオアフ島周辺には、放射性廃棄物や化学兵器が数十トン規模で投棄されている。軍による汚染は、ハワイ各地に広がっているといえるだろう。

カイルの車で、ダウンタウンからパールハーバーにかけての軍人の居住区や生活エリアを回った。豪華な軍用住宅や世界一大きな軍用ショッピングモールもある。ここは無税だから、ハワイで一番安く買い物ができる。アルコールやタバコをまとめ買いして、転売して儲ける兵士もいるという。また、ハワイには軍専用のゴルフコースが一六カ所もつくられている。中にはハワイアンの聖地や埋葬地を掘り返して、ゴルフ場にした場所もある。

「軍事化に反対しているテリーはいつも言っている。『私の祖先のお墓をゴルフ場にして遊んでいるなんて、冗談じゃないわ』ってね。ハワイ経済を活性化するという名目で政府が投入している資金は、こうした軍の施設の建設に横取りされているんだ。住民の生活には何の役にも立っていないよ」

運転しながらそう語るカイルに連れて行かれたのは、パールハーバーの向かい側にある浜だった。アイエアパークという名のこの寂しい浜辺には、「泥が危険なので、水に入ったり魚貝類をとってはいけない」と書かれた小さな看板が立っている。

「住民が政府にさんざん抗議をして、やっとこの看板を立てさせたんだ。でも軍や政府はそれ以外は何もしていない。ここはとても汚染がひどいのに、浄化しないんだ。政府や商工会議所は、軍隊がハワイに利益をもたらすと言うけれど、こういうコストは計算されていない」

禁止事項が書かれた看板

そう語るカイルをよそに、浜では地元の男性が釣りをしている。かつて豊かな漁場だったこの場所では、今も警告を無視して魚貝類をとる人がいるという。

「ぼくたちNGOは、パールハーバーが攻撃された日、一二月七日に、この公園で平和集会をしようと思っているんだ」

対岸に見えるアリゾナ・メモリアルでは、毎年一二月七日に軍や政府が大々的にセレモニーを行う。彼らは犠牲者の追悼を利用して、ハワイの軍事化をよりいっそう進めようとしている。カイルは、基地汚染の象徴であるこの公園から、その流れにNOを突きつけるつもりだ。

❈ターゲット・アイランド

「危険・立ち入り禁止」という看板が、海岸線沿いに連なる金網に貼ってある。広大な敷地をもつこのマクア渓谷は、カアラの谷の少し北、ワイアナエ海岸の外れにある。「マクア」が「親」を意味することはタロの話で触れたが（26ページ）、先住ハワイアンにとって「親」のように大切なこの渓谷は、複数のヘイアウ（神殿）と豊かなアフプアアが広がる聖地だった。しかし、日本との戦争をきっかけに軍事演習場としての利用が始まる。米軍は、戦争が終われば土地を返還するという約束を守らず、現在も所有を続けている。この渓谷には、五〇年以上にわたって、戦闘機や戦艦、戦車などからあらゆる種類の砲弾が撃ち込まれた。ターゲットになったのは、かつて住んでいたハワイアンの家や教会、そして墓石だった。爆撃による火災によって、文化財は破壊され、ここにしか生息しない貴重な動植物も姿を消している。後に残ったのは大量の不発弾と、重金属などの発ガン物質だ。こうした毒物は、周囲の水脈に流れ込んで、海や川を汚染している。テリー・ケコオラニは、ここの話をするときはいつも興奮気味になる。

「私たちの祖先が大切にしてきた土地を破壊することは、私たちの祖先を何度も殺しているのと同じことなの。しかも軍はお墓をターゲットにしている。信じられる？　軍がハワイに居続ける限り、私たちは精神的な暴力を繰り返し受けているのよ」

ひどい状態を目の当たりにして、先住ハワイアンや地域の人々は軍にたびたび抗議や訴訟を行ってきた。そのかいもあって、演習は何度か中止になっているし、柵の中にあるヘイアウ（神殿）にハワイアンが月に二回訪れる権利も獲得した。そして、騒ぎになることを恐れてか二〇〇五年からは、実弾演習は控えられている。

広大な敷地が金網で仕切られたマクア渓谷。不発弾の危険を知らせている看板。

マウイ島から眺めるカホオラヴェ島。

軍の圧倒的な暴力を見せつけられながらも、ハワイアン・ルネッサンスが起きた一九七〇年代からは、基地問題に対する粘り強い抵抗

ターゲットマークが描かれたカホオラヴェ島返還運動のＴシャツ。
（ビショップ博物館所蔵）

が続けられてきた。その象徴が、マウイ島の南西に位置するカホオラヴェ島だ。この島も、マクア渓谷と同じく第二次大戦をきっかけに軍の射爆場として接収された。「ターゲット・アイランド」と呼ばれるようになったこの島には、戦後も上陸訓練や、爆撃機の演習に使用され、砲弾の嵐が降りそそいだ。また、日本が参加した七〇年代後半から八〇年代の環太平洋合同演習（リムパック）では、海上自衛隊もこの島に艦砲射撃を浴びせている。

マウイ島の南の道路からは、爆撃によってひび割れた、カホオラヴェ島の赤い大地を見渡すことができる。雨が少ないこの「不毛な島」は、爆撃用にしか役に立たないと軍は言ってきたが、それは違う。一九七六年以降の調査では、五〇〇を越える貴重な文化遺産やヘイアウ（神殿）が発見され、ここがハワイアンの聖地であったことが裏付けられている。一九七五年に結成されたプロテクト・カホオラヴェ・オハナ（ＰＫＯ）のメンバーは、爆撃が行われる島に乗り込み、体を張って抗議を続けた。カネワイのタロ畑を育てたアンクル・ハリーや、ハリーに教わった学生たちもそのメンバーだった。その闘いの過程では、島に渡ったハリーの息子キモ・ミッチェルとその友人の二人が、行方不明になる悲劇も起きている。

一五年にわたる激しい闘いは多くの人々から支持され、何人もの逮捕者を出しながらも、一九九四年にはついに、カホオラヴェ島のハワイ州への返還が決められた。返還から一五年以上たった今も、島にはあまりに不発弾が多く、一般の人が立ち入ることは出来ない。けれど、州の団体によって不発弾の処理や、植物の回復作業が続けられている。そのプロジェクトのリーダーを務めているのは、かつてカネワイのタロ畑を発見した学生である、ケオニ・フェアバンクスだ。

ビショップ博物館の三階には、抗議行動を続けた人々が着ていたTシャツも展示されている。小さなグループが起こした、軍隊から島を取り戻すための大きな闘いは、今やカメハメハ大王の展示と同じフロアに並べられる、ハワイの歴史の一部となっている。

クカニロコのバースストーン。王族の女性が周囲の人に足を支えられて、この上で子どもを産んだ。

❇バースストーン＝誕生岩

聖地を守るために米軍を内部告発した女性がいる。カイルからそう聞いて、その人に連絡をとった。待ち合わせしたのは、オアフ島中部のワヒアワ郊外にあるハワイアンの聖地だ。吹きすさぶ風が周囲の草をざわめかせ、赤土に丸みを帯びた無数の岩が並ぶこの場所

クカニロコにたたずむレイマイレ。長年プロとして踊っていたフラは、今では祖先のためにしか踊っていない。代わりにバンドでボーカルをやっていて、基地に反対する歌をつくっている。「ボブ・マーレーのように魂のこもった歌を歌いたいの！」と語った。

は、クカニロコと呼ばれている。この岩の上で、かつてハワイ王家の女性が子どもを産んだ。この「バースストーン（誕生岩）」には霊力があるとされ、出産の苦しみを和らげる効果があったという。他にもくぼみに水を入れ、太陽を映して時の流れを確認する岩や、星の動きを学ぶための岩など、一つひとつに違う役割が与えられている。

やって来たレイマイレ・クイティヴァス（四〇歳）は、肩から胸元にかけて立派な刺青のあるハワイアンだった。彼女は聖地であるここの入り口で裸足になり、先祖に向けてチャント（詠唱）を唱えた。この場所に入ることの許可を求め、最近聖地で起きていることの報告をするのだという。

「この刺青は夫に彫ってもらったの。ほら、そこの岩にも肩の模様と同じペトログリフ（岩絵）があるでしょ？　これは祖先から引き継がれたものを次の世代に引き継いでいくという意味がある。私の生き方そのものなの」

クカニロコを含むこのエリアは、ハワイ語でリフエ（少し寒いところ）と呼ばれ、オアフの中心に位置しているだけあって、ピコ（おへそ）として大切にされてきた。しかし軍はここに、スコーフィールドという将軍の名前をつけた基地をつくった。幼いころこの地域で育った彼女は、聖域を守ることが自分の義務と考えている。

「祖先は、この土地を通じて私たちを導いてくれる。頭で考えるのではなく、おなかから湧いてくる祖先の声を聞くことで、軍と闘う勇気が与えられるの」

子どものころからフラを踊り、ハワイアンの文化的な活動に携わってきた彼女は、独特のスピリチュアルな表現で語る。

軍に雇われる以前のレイマイレは、チャータースクールでハワイ文化を教えたり、地域の人たちを巻き込んでハワイアンの遺跡の調査や保護などを行っていた。軍から「文化委員会」という仕事を依頼されたのは、二〇〇四年のことだ。仕事の内容は、軍が基地を拡大したり演習を行う際に、文化遺産があるかどうかといったことや、地域の環境への影響を調査することだった。しかし実際は「ハワイアンも調査に加わっています」という宣伝をするための部署で、彼女が軍に求められていたのは、「何もしないこと」だった。ところがレイマイレは、熱心に仕事をした。

ストライカー（US Army Photo）

❇欲しいのは軍から身を守る安全

彼女が関わることになったのは、「ストライカー」という米軍の新型戦闘車両をめぐる問題だ。このストライカーは、米軍再編を受けて全世界のあらゆる地域にすばやく展開できるように軽量化された装甲車で、その利便性からイラクにも派遣されている。ストライカーをハワイに導入するために尽力したのは、やはりダニエル・イノウエだった。導入された三二八台のストライカーの訓練地を確保するために、軍はスコーフィールド基地周辺に、新たに二万五千エーカー（約三千万坪）の土地を接収した。ストライカーの演習では、環境や人体への汚染が懸念されている劣化ウラン弾も使用する。劣化ウラン弾には、原発から出た放射性廃棄物が込められていて、実際に使用されたコソボやイラクなどで多くの白血病や障害児が生まれる原因になったと指摘されている。

レイマイレをリーダーとする一〇〇人ほどのハワイアンのチームは、まずその地域に文化遺産があるかどうかの調査をした。軍は、すでに考古学者が調査を終えているから、キミたちが行っても何も出てこないと止めたが、彼女たちが調査すると、新たに一〇〇以上の文化遺産が発見された。また、軍はこれまでハワイで劣化ウラン弾を使ったことはないと言ってきたが、調査ではガイガーカウンターが激しく鳴ったという。

「そしたら軍は私たちに何と言ったと思う？　これは『劣化』しているから人体に害はないと説明したの。私たちも初めは劣化ウランのことなんて知らなかったけれど、調べたらひどい毒物だった。彼らは、私たちの家族だけでなく、埋葬されている祖先まで汚染しているの。この仕事を始めたときは、軍とも対話ができると思っていたのに、彼らはウソばかりついてきた」

二〇〇六年一月、レイマイレは劣化ウラン弾が使われた証拠文書をメディアに暴露した。そのためこの地域は「化学兵器使用地区」と指定されることになり、これまで軍に反対の声をあげてこなかった住民たちが、ストライカーに反対しはじめた。レイマイレたちがさらに本格的に汚染の調査を進めようとすると、軍が妨害をした。そして、仕事を熱心にやりすぎたレイマイレは、軍から解雇された。その後も、地域の住民に軍が説明する公聴会で、軍に不利な証言をしてきた彼女は、様々な嫌がらせを受けているという。

レイマイレの活動に懲りたのか、軍は今では年間五千万円で別のハワイアンの女性を雇い、軍とハワイアンはうまくいっていると証言させている。

ストライカー問題に関して開かれた軍の公聴会で、司令官に抗議するカイル・カジヒロ（左）。
（photo：宇野八岳／2007年１月31日）

「分断して支配するという昔の植民地のやり方ね。軍は買収

肩に刻まれたタトゥーは、クカニロコの岩のひとつに刻まれたペトログリフ（岩絵）と同じ文様で、命のめぐりを表している。かつてのハワイアンは、このペトログリフに生まれたばかりの赤ん坊のへそを合わせて、健康を祈願したという。

によってハワイアンを気にかけているようにPRしているけれど、誠意がないの。軍には個人的にはいい人もいるけれど、騙《だま》されてはいけない。その後ろで彼らを操っているのは、巨大で心のない戦争マシーンなのだから――」

この基地から出る毒は、川を通じてハワイアンの主食であるタロ畑にも流れているという。

「軍は住民だけでなく、兵士の命も大事に思っていない。劣化ウランの汚染地域だと知りつつ、毎日兵士を演習で送り続けているのだから。もっと多くの人に目を開いて欲しい。軍は敵からハワイを守ると言うけれど、私たちが本当に必要としているのは、軍から自分たちを守る安全なのよ」

ガイドブックに「癒《いや》しのパワースポット」とでも載っているのだろう。インタビューの最中には、クカニロコに何組かの日本人観光客がやって来ていた。そこで観光客の聖地への訪問について聞いてみた。

「このアイナを守るというのが私たちの仕事だけれど、自分たちだけではできないことも理解しているの。世界の人々と、ここの大切さを共有していかなければいけない。ここが観光地になるのは良くないけれど、リスペクト（尊重）してくれるのであれば、『観光客は来るな』とは言えないわ。そうやってハワイアンと、それ以外の人を分断するのが軍の狙いでもあるの。そこに立ち向かうには、いろいろな人の多様性を武器にすべきだと思う」

祖先の声を聞き、たくましく軍隊と闘っているレイマイレ。強い風を受けながら聖地に立ち尽くす彼女の姿は、凛《りん》としていた。

❇OKINAWAデモ

「（基地は）ここにも、あそこにも、どこにもいらない」

「ジュゴンを守れ！」

思い思いのメッセージボードをかかえた人々が、ホノルルのダウンタウンにある連邦政府ビルの前を走る車にアピールしている。集まっている人数は二〇人に満たないけれど、みんなパワフルに声をあげる。顔ぶれも多彩だ。先住ハワイアンに、沖縄系やフィリピン系、韓国系の若者、沖縄やグアムからの留学生もいる。

二〇一〇年五月一四日、カイルの団体の呼びかけで、沖縄など世界各地の米軍基地に反対するデモが行われた。この二日後には、沖縄で米軍の普天間飛行場を人間の鎖で包囲する抗議行動が予定されていた。それに合わせて、ハワイでも基地反対の声をあげるものだった。

自分のルーツの沖縄には、特別な思いを持っているという沖縄系ハワイアンの二世、ピート・シマザキは三線《さんしん》を抱えてやってきた。

基地はどこにもいらない。道行く車にアピールする。

「ハワイでは、貧しく職がない人の多くは兵士になっていますが、彼らのほとんどは幸せな生活を送っていません。沖縄で起きていることは沖縄だけの問題ではなく、国際的な問題なんです。だから声をあげていかないといけない」

　ハワイと沖縄の若者のネットワークを築いている彼は、お互いが助け合える関係をもっとつくっていきたいと語る。日本では「米軍基地問題」と言えば「外国軍」の問題を指すけれど、軍隊がこれほど身近なハワイで、「自国の軍」に反対している彼らは、圧倒的な少数派だ。それでも彼らに悲壮感はない。それは、軍のもたらす問題に声をあげている人が、ハワイだけでなく世界中にいることを知っているからだ。

　グアムからの留学生、アンジェラ・ホピ・クルズは、ハワイ大学の卒業式を翌日に控えていた。彼女は、グアムの先住民族であるチャモロ

グアムの留学生、アンジェラ

だ。この時点で、グアムにはすでに沖縄の海兵隊八千人が移転することが決まっていたし、さらに普天間基地の移設先候補にもグアムが挙がっていた。そこで、沖縄の基地をグアムへ移転させることについて聞いてみた。

「グアムには確かに『軍隊は良いとは言えないけれど、経済効果が期待できる』という意識があります。でも私はそれに反対です。八千人の海兵隊の移転にしても、政治家が勝手に決めてしまった話で、地元の人に事前の相談は何もありませんでした。グアムに移転する話が出たとき、初めは沖縄の人たちに対して腹が立ちました。『私の家に来ないでよ、沖縄にいればいいじゃない』と。でも、植民地支配の本質を理解したら、私たちが本当に闘うべき相手というのは、沖縄の人ではありませんでした。それなのに、お互いがなすりつけあって、住民同士がいがみあってしまっている。私たちは協力して、巨大なモンスターに立ち向かっていかなければならないんです」

彼女も「ファイト・フォー・グアム」というグループを立ち上げて、グアムだけでなく、世界各地の基地問題に取り組んでいこうとしている。

このころ日本では、沖縄の基地問題が注目されていた。二〇〇九年に政権をとった民主党が、住宅地に隣接している危険な普天間飛行場を沖縄県外、もしくは国外に移設するとの公約を掲げ、期限をこの二〇一〇年五月に定めていたからだ。在日米軍基地専用施設の七五％を押し付けられてきた沖縄の世論は高まり、四月末に行われた県民大会には九万人が集まって、基地に反対する意志を投げかけた。しかし、沖縄を除くメディアやほとんどの本土の日本人にとって、この問題は「基地問題」ではなく、当時の鳩山首相が、移設できない責任をとって辞任するかどうかという「鳩山問題」になってしまっていた。実際、六月二日に何もできないまま首相が辞任すると、メディアと世論の注目は急速に冷めていった。

戦後ずっとそうであったように、基地に囲まれた沖縄の人々と、本土の人々の意識には、とてつもない隔たりがある。一方、ハワイで軍隊に立ち向かうカイルたちは多くの本土の日本人より、よほど自分の問題として沖縄をとらえているように見えた。

「『安全保障』は大事だと言うが、アメリカがやっているのは『圧倒的な暴力をともなった強要』でしかない。太平洋の人々が協力して、基地を必要としない安全保障を考えるべきなんだ」

カイル・カジヒロの言葉が響く。ハワイで、経済的な利益を求めて進められてきた軍事化は、様々なひずみを生んでいる。ハワイアンの文化と聖地は破壊され、あらゆる毒物が人々の暮らしを汚染してしまった。そして、中毒に近い軍隊依存症がじりじりと社会を蝕《むしば》んでいる。そんな持続可能ではない社会を変えていく必要がある。そのためには、ハワイだけのことを考えていてはいけない。彼らのそんなメッセージが、強く印象に残った。

Ⅲ　観光大国のゆくえ
——つくられたパラダイス

ワイキキビーチの中心に建つ、ハワイの英雄デューク・カハナモク像

❇宮殿とホームレス

高い塀に囲まれた家々のプールつきの庭は、リムジンが何台も駐車できるほど広い。丘の上には、宮殿のようなバルコニーつきの豪邸がそびえる。オアフ島・ワイキキビーチに隣接したハワイの象徴・ダイヤモンドヘッドの東側にあるカハラ地区は、富裕層のための高級住宅街として知られている。ここはアメリカ本土や日本のお金持ちにとって、投資の対象にもなっているため、実際には人が住んでいない家も多い。誰も住んでいない豪邸を眺めながら、島の西側にあるワイアナエ海岸のテントが並ぶ光景に思いを馳せる。

観光客の目に映ることはないけれど、ワイアナエは観光が何をもたらしてきたのかを象徴している場所だ。海外から殺到する観光客の増加により、水と食料は失われ、代わりに生まれた大量のゴミと下水が大地を汚染した。また、裕福な移住者が増えたことで、この島の限られた土地や住居はいっぱいになってしまった。貧しい人々の多くは、ほかに仕事がないため観光業で働くことになる。ところが、末端の労働者の給料は上がらず、生活費だけが上がっていくから貧困が固定化されてしまう。ハワイは全米で家賃が最も高い州だ。そして、その額はここ数年上がり続けている。そのため、ずっとハワイで暮らしてきたハワイアンの子孫たちは、家賃を払えず、アメリカ本土に出稼ぎに行ったり、海岸や公園で暮らすことになってしまっている。

日本人も、そうした構造をつくるのに一役かっている。最も盛んだったのは一九八〇年代のバブルのころだ。日本企業はハワイの土地を買いあさり、ホテルやゴルフ場など大規模なリゾート開発を行った。過熱した不動産投資が招いた土地の高騰は、ただでさえ高い家賃の支払いに追われるハワイアンを、ますます追い込んでいった。そうした現実をよそに、「楽園」ハワイへ大挙して訪れる日本人観光客が、地元の人々の反感を買うこともあった。

カハラ地区の丘の上にある豪邸

団塊世代が退職した現在は「憧れのハワイでセカンドライフ」などといったプランが人気を集めているけれど、ハワイの人口が増えれば増えるほど、底辺にいる人がさらに追い詰められることになるという事実は、忘れてはならない。

また若い世代ではフラの流行にともなって、ハワイアンの聖地を訪れるツアーが注目されている。これをきっかけに、ハワイの文化や歴史に興味を持つ人が増えるのは良いことだと思う。でも、それがハワイアンへの理解を深めることにつながるかどうかはわからない。言ってみれば、文化の中で「商品になる部分」が切り取られているだけだから、ブームが去れば使い捨てられてしまう可能性もある。ハワイ大学ハワイアンスタディーズの教授で、先住ハワイアンの主権回復運動を担ってきたハウナニ・ケイ・トラスクは、こう語っている。

ワイアナエ海岸のテント。ハワイの家賃は全米一高い。2010年、ハワイ州の月々の平均家賃は1610ドルで、その支払いのためには時給30ドル以上の仕事が必要とされている。これは、カリフォルニア（25ドル）やニューヨーク（23ドル）に比べてもはるかに高い額だ（データはホノルルアドバタイザー2010年４月24日の記事より）。

《重要な点は、「ハワイの何もかもが、観光客、非先住民、来訪者としてのあなた方のものになる」というメッセージである。景観も先住民文化も、そして「先住の」民としての私たちのアイデンティティも、すべてが売りに出されている。そこで、「アロハ」という語が、ハワイ的なものを奪い取るための小道具として使われることが往々にしてある。実際、このように使われる「アロハ」は、先住ハワイ民族の文化の枠組みから逸脱しているため、まったく意味を成さない。要するにハワイは、可愛らしい女性のように、売り物として展示されている存在である。お金を少ししか持たない者は、わずかな時間しか触れ合えないが、日本人のようにたくさん持っている者は、ゆっくり味わうことができる。（中略）もうこれ以上、観光客に来て頂きたくない。私たちに観光客は必要でもないし、実際問題、うんざりしているのである。》
（『大地にしがみつけ』ハウナニ・ケイ・トラスク著　松原好次訳　春風社）

ぼくも含めて、観光地としてのハワイしか知らなかった多くの日本人にとっては、衝撃的なメッセージだ。でも確かに、観光と開発がハワイアンに何をもたらしたのかを考えれば、「観光客は来るな」という彼女の言い分もわかる。

ハワイ最大の産業として、経済を支えてきた観光とリゾート開発。これらは、サトウキビ産業や軍事化によって歪んだハワイの社会構造を、さらに拡大する役割を果たしてきた。この章では、ハワイの観光が抱える問題と、その流れを変えようと行動する人々を見ていきたい。

※再びワイアナエ海岸へ

再び、ワイアナエ海岸を訪れた。ぼくが二〇〇六年に、この海岸のテントが並ぶ光景にショックを受けてから四年が経つ。見たところ、あのときよりテントの数は減っているようだ。しか

安易に使用される「観光客向け」のアロハ（ワイキキ）

し、ホノルルにあるホームレスの避難シェルターで話を聞くと、ホームレス自体が減っているわけではないことがわかった。

ちょうどその二〇〇六年から、ハワイ州やホノルル市議会でも、ビーチや公園で暮らすホームレスのことが大きく取りあげられるようになっていた。衛生面の問題もあるし、何よりホームレスが目立って増えると、観光に悪影響が出ることが心配されたからだ。そこで州知事はシェルターを増設し、同時にビーチから人々を締め出すことを決めた。強制排除が始まって以降、シェルターに住みたくないホームレスが、都市部や山の奥に分散していった。だから、ホームレス問題は以前より目に見えにくくなっただけだった。そう言われてみれば、ホノルル市内など都市部の公園でホームレスを見かける割合は、以前より増えたように思う。シェルターのスタッフは、ワイアナエのビーチには少なくとも四〇〇人以上、山に住む人も入れたら、その周辺だけで千人以上はいると言う。ワイアナエの人口が四万人程度であることを考慮すると、深刻な数だ。また、オアフ島全体のホームレスの人口は、四一七一人とされている（二〇一〇年一月ＡＰ通信）。

そのワイアナエに、自分もホームレスでありながら政府に働きかけて、ホームレス救援プログラムをつくった女性がいると聞いた。いったいどんな人だろうか。

❇立ち上がったホームレス

ワイアナエの「トランジショナルホーム」というホームレス支援施設では、政府からここの運営を任されているNGOのスタッフ、ファン・チンが出迎えてくれた。このホームは二〇〇九年から始まった新しいプログラムで、子どものいるホームレスが二年間に限って割安で住むことができる。ホノルルで訪れたホームレスシェルターは、鉄のトビラで管理され大勢が一部屋で暮らす、いかにも「収容施設」といった感があったけれど、こちらは一戸建てでプラベートもある。

現在このホームを利用しているのは四八家族。近くにあるもう一つの施設で暮らす八〇家族を合わせると一二八家族で、そのほとんどがハワイアンだ。入居して二年以内に一般の賃貸物件を借りることができるようにサポートしていくのが、このプログラムの特徴だ。施設内には託児所やデイケアセンター、パソコンルームに大きなキッチン、そして農場もある。そこでは、住人同士がコミュニケーションをとることに加えて、職業訓練ができるようにもなっている。また、健康について学ぶクラスもある。麻薬やアルコール依存症の患者も多いから、そうした教育とトレーニングは大切だ。ファン・チンは一通り施設の案内を終えると、トランジショナルホームの設立に尽力したアリス・グリーンウッドを紹介してくれた。

「アリスは、自分もホームレスなのに、

NGOのIHSが運営するホノルルのホームレスシェルター。衣類、日用品などは寄付されたものを自由に使うことができる。しかし共同のベッドルームを利用できるのは夜だけで、昼間は外出しなければならない。

トランジショナルホーム。この建物には４世帯が暮らす。

ここに暮らす人々のサポート役を買って出ているの。彼女はワイアナエのコミュニティだけでなく、議会に行って法整備について話したりと活発に動いている。ほとんどのホームレスは、コミュニティ活動に関わったことがないからどうしたらいいかわからないのだけど、彼女はいろいろ知っているから特別ね。一番すごいのは、行動する勇気かしら」

ファン・チンの接し方には、アリスへの信頼感がにじみ出ている。アリスは、この施設で暮らす人々にどういったサポートが必要かを聞いてまわり、ＮＧＯや行政との話し合いに活かしているという。アリスは挨拶代わりに、自分が発行しているホームレス向けの新聞をくれた。新聞には、泊まれるところや、炊き出し情報が掲載されている。二〇〇九年末に行ったホームレス・メモリアルデーの報告もあった。このイベントでは、公園や路上で亡くなった人々の遺体をお金が足りずに引き取れない家族が多いので、その年に亡くなったホームレス全員を追悼している。

ずっとワイアナエで暮らしてきたアリスに、ホームレスになった経緯と、行動を起こしたきっかけについて聞いてみた。公務員をしていた彼女は、障害のある子どもたち向けの教育プログラムを担当していた。そのころの彼女は、ホームレスに対して批判的だったという。なまけものの彼らがホームレスになったのは、自己責任だと考えていたからだ。ところが、彼女の生活は劇的に変化する。

「ある年、今年九歳になる親類の男の子の世話をしなければならなくなったの。その子のお父さんは亡くなっていて、お母さんは麻薬常習犯だったから、放り出されてしまった。それだけならいいのだけれど、同じころに夫が亡くなったの。それから私自身も、施設の子どもに乗りかかられたことが原因で、首に怪我をして働けなくなった。収入のなくなった私に、アパートのオーナーは優しくしてくれたけれど、そのオーナーもまもなく亡くなってしまった。新しいオーナーはアパートを取り壊すというので、追い出された私はビーチで暮らさなければならなくなったというわけ」

ビーチには九カ月、そのあとシェルターで二二カ月暮らした。すべてを失い、幼い子どもと怪我を抱えた彼女がやってきたビーチでは、かつて彼女が批判していたような人々が助けてくれた。

「彼らは車が壊れたら直してくれたし、子どもを学校まで送ってくれた。みんなとても優しくしてくれた

STREET BEAT

News for and by Hawaii's people without housing — April 2010

INSIDE: Stories and Resources from across the islands

Homeless Memorial—Thomas Square

The houseless gathered with their supporters in Thomas Square on December 21st to honor their dead. Some who died needlessly from houselessness and poverty brought the most grief to those who bore witness. Over 300 people attended this event.

"This is so wrong. There is so much money in Hawaii. I can't believe that this is happening."

December 21 is the longest night of the year (the winter solstice) and is known as Homeless Persons' Memorial Day. The National Coalition for the Homeless began the memorial event in 1990 to remember neighbors and friends who died without housing during the year, and to remember why they died. Now memorials are held in over 120 communities each year.

At the Hawaii event the names of those known to have passed away without housing last year were slowly read aloud, with a

Photos by Marcia Hamilton

money and so little public or even family participation in funerals or weddings or first birthdays. One attendee said, "This is so wrong. There is so much money in Hawaii. I can't believe that this is happening."

Street Beat and their supporters wanted to change this. Catholic Charities, Care-A-Van, H-5, St. Ann's in Kaneohe, Ohana Church of the Living God, St. Timothy, IHS, St. Clements, Downtown Calvary, Safe Haven, the Hepatitis Network, New Hope, Kahu Manu Mook with his conch shell opening ceremony, Island Splash's

アリスがつくったホームレス向けの新聞『Street Beat』。「ハワイにはたくさんのお金持ちがいるのに、誕生日さえ祝えずに路上で亡くなる人がいるなんて、信じられない」という、ホームレス・メモリアルデー出席者のコメントが紹介されている。

アリス・グリーンウッド（左）とファン・チン（右）

わ。実際に私がホームレスになってみて、気づいたことだけどね。そのみんなが一番恐れていたのは、たまにやってくる警察だった。警察は、『ここから出て行け』とか『罰金を払え』と書かれたチケットを渡すの。夜中に来て、テントを壊して捨ててしまうこともあった。こうしたことを経験して、私たちにだって生きる権利があることを訴えるべきだと思ったの」

アリスは最初、デモをしようと計画した。ところが、これまで警察に追われる恐怖を味わってきたほかのホームレスたちは、賛成しなかった。

「そのとき私は、この人たちの声になろう、政府と彼らの架け橋になろうと思ったの」

アリスは裁判所に出向いて、ビーチからホームレスを追い出すのは間違っているとアピールしたり、シェルターとは違う支援プログラムを行政に訴えかけた。それが、このトランジショナルホームの設立につながった。

✽ビーチから追い出さないで！

アリスの案内で、近くの海岸で暮らすアリスの友人に話を聞きに行った。三年六カ月の間ビー

海沿いに並ぶテント。強い風を受けて、吹き飛ばされる危険性もある。

チで暮らしているビカ・ロジャース（五二歳）は、刑務所帰りの腕っ節の強い女性だ。

彼女が住む海岸には、ブルーシートと木の板で作ったテントが二〇張ほど並んでいた。強い風が吹きつけるこのビーチで、いつ飛ばされてしまうかわからない、心細い「ホーム」だ。ほとんどのテントで犬を飼っているけれど、満足に食べていないのだろうか、悲しそうに吼《ほ》えている。

ここでの生活で一番大変なのは水を運んでくることだ。水道がないので、何キロも離れた公園まで徒歩で行って、ペットボトルにくんで来なければならない。

ビーチでは、生きていくために周りの人と助け合って暮らしている。料理が得意な人はシェフをするなど、それぞれ得意分野で役割があるようだ。アリスがいたとき、豪腕のビカはセキュリティ担当をしていた。アリスも彼女に守ってもらったそうだ。

「盗みをする奴がいたけど、ぶっとばしてやったさ、ハッハッ！」

と豪快に笑うビカ。そんな強気な彼女も、この二日間何も食べていなかったという話になると、さすがに元気がない。今日は運よく炊き出しがあって食べることができたが、次はいつになるかわからない。日雇いの仕事はしているけれど、いつも仕事があるわけでもないから不安定だと心配する。彼女に限らず、ハワイではほとんどのホームレスが肉体労働などの仕事をしている。でも給

ビカのテント。アリスとビカから、日本にもホームレスはいるのかと聞かれ、たくさんいることを伝えると驚かれた。日本から見れば、ハワイにホームレスがいる方が驚きなのだけれど、ハワイに来る金持ちの日本人ばかり見ている彼らにとって、日本のホームレスのことを想像できなくて当然かもしれない。

料は上がらないので、ビーチでの暮らしから抜け出せない。シェルターはどうかと聞くと、以前シェルターに入った経験のあるアリスとビカは、あんなのは人間の暮らすところじゃないと口をそろえる。

「シェルターは細かい規則だらけですごく息苦しいの。夜寝るとき以外は出て行かないといけないし……。私は刑務所にいたことがあるけど、あれじゃ刑務所と一緒。六五ページの契約書類にサインをして、一日に五〇以上のルールを守らないと追い出されるの」とビカが言う。確かにぼくもシェルターでは冷たい雰囲気を感じたし、そこにいる人も囚人のように暗い表情をしていた。もちろんそこで働くスタッフは精一杯頑張っているのだけど、シェルターに入っても出てしまう人が多い理由はわかる気がする。

一方、アリスが提案したトランジショナルホームは、ホームレスの間でも評判がいい。期間は区切られているが、そこでお金をためて家を借りた家族もすでに何組かいる。ただ、このプログラムは家族のいる人に限定されているから、ビカのような一人者は入れない。また数も少ないので、ホームレスの増加にまったく追いついていない。ビカも、一人者向けのプログラムができたら、すぐにでも入りたいと思っているが、現実は厳しい。

二〇一〇年に州政府がつくった条例によって、二〇一〇年八月にはすべての海岸からホームレスは立ち退かなくてはいけなくなる。でも、彼女たちの嫌がるシェルターでさえ人がいっぱいで入れない状態が続いている今、行くあてなどどこにもないという。

「政府に言いたいのは、何もしなくていいからここを追い出さないでちょうだいってこと。どこに行けばいいっていうの？　基地や開発のせいで、私たちハワイアンは土地を奪われ続けてきたのよ。私たちの権利はどこにあるっていうのよ！」

ビカの怒りを込めた問いかけが、強い風に吹かれて海岸線に消えていった。アリスは、ビーチで暮らすビカたちの要望も政府に伝えてきた。海岸からの追い出しについても、何の解決にもならないと訴えて、延期するように交渉している。

実はアリス自身も、二〇一〇年末に契約が切れるため、今いる施設を出ていくことになっている。お金も足りないので、次に行くあては決まっていない。それでもアリスは、この日も政府とのミーティングに出かけて、トランジショナルホームで家賃を払えない人を支援するために働きかけてきた。家をなくした声なき人々のために立ち上がったアリス・グリーンウッド。今では多くの人々がサポートするようになった彼女の粘り強い闘いは、ホームレスをめぐる状況を動かしつつある。

1920年ごろのワイキキには、水田が広がっていた。(Hawaii State Archives)

❇つくられた「パラダイス」

二〇一〇年一〇月、湿地の持つ価値についてのニュースが報道された。国連環境計画(UNEP)によると、かつて経済的には役に立たないとされてきた湿地が、全世界で毎年二八〇〇億円以上の利益を生み出しているという。ここには、生物多様性をつくっている貴重な動植物の生息地というだけでなく、湿地がもたらす漁業や観光、洪水防止などへの効果も計算されている。何でも金額で表すことが良いかどうかはともかく、常に「環境か経済か」と秤《はかり》にかけている現代社会で、環境を守ることが経済的利益にもつながるのだということを示すのは大切だろう。しかし、一九〇〇年以降の埋め立てなどによって、世界の湿地の五〇%がすでに失われている。大勢の観光客でにぎわうワイキキも、そんな失われたかつての湿地の一つだ。

太陽が照りつけるエメラルド色をした海に向かって、サーフボードを手にした若者が白砂のビーチを歩いている。日光浴をする女性の上には、心地よい風に葉を揺らすヤシの木々が茂り、真っ青な空をバックにダイヤモンドヘッドがそそり立つ。多くの人が思い浮かべるそうした「楽園ハワイ」のイメージは、ほとんどがここ、オアフ島ワイキキのものだ。ビーチの周辺には、ショッピングにグルメにリゾートホテル、そしてゴルフ場など、観光客の欲望を満たしてくれる様々な施設がそろっている。ぼくも初めてここを訪れたとき、良くも悪くも「あの有名なハワイに来たんだなぁ」と感じたことを思い出す。でも、ここにあるものはビーチも含めてほとんど二〇世紀になってから作られたもので、「これがハワイだ」などと言えるようなものかどうかは疑わしい。今、自然の砂浜ではないビーチからは砂が大量に流れ出していて、政府はここ数年、海底から砂を運んでビーチに戻す作業を続けている。この観光地ハワイの象徴となってきたワイキキは、どのように現在の姿に変わっていったのだろうか。

2010年現在のワイキキ。100年も経っていないのに大変な変わり様だ。

観光客が集まるワイキキビーチ

風光明媚《ふうこうめいび》で過ごしやすい気候のワイキキは、外国人がやってくる前から価値の高い土地で、王族の保養地として活用されていた。先住ハワイアンは、この湿地帯にタロイモを植え、養殖池では魚を育てていた。その後、中国からやって来た移民たちは、ここに水田を開いて稲作を行った。しかしのどかな水田風景は、白人によるクーデターと、一八九八年のアメリカへの併合をきっかけに激変していく。

クーデターで政権を手にした白人たちは、観光をサトウキビに次ぐ第二の産業にしようと考えた。彼らがめざしたのは、観光客が満足する「商品」としてのハワイを作り上げることだ。その中心がワイキキだった。

当時のハワイ厚生省のレポートは、「ホノルルは迷惑な人々（ハワイアンとアジア人）と、不要な産業（農業や魚の養殖）がなければ、すばらしいリゾート地になる」と報告している。彼らは、ハワイアンやアジア人から土地を取り上げ、リゾート開発を進めるために、まず公衆衛生を名目とした法律をつくる。

二〇世紀に入ったばかりのワイキキでは、すでに開発による水質汚染が始まっていた。特に白人たちが水路をせき止め、ワイキキからダウンタウンまでの道路を建設したことで、蚊が大発生するようになった。そのためにマラリアなどの伝染病が広がる危険性も懸念されていた。そこで政府は、蚊が発生した原因を開発の失敗ではなく、湿地帯そのものにあるとして、埋め立てプロジェクトを開始する。その工事のために新たに定められた法律では、高額な工事費を支払うのはワイキキの住民ということにされてしまった。そして支払いができない人は、容赦なく土地を取り上げられた。

工事は、ワイキキの真ん中に運河(現在のアラワイ運河)を掘削して、その土砂で水田や養殖池を埋め立てるというものだった。埋め立てた五千エーカー(約六〇〇万坪)の土地は、広大なリゾート地に生まれ変わった。ワイキキビーチの白い砂浜も、このときカリフォルニア州から運ばれてきた砂で作られたものだ。

工事を請け負ったのは、ハワイ最大の土建業者であるディリンハムだった。彼はハワイ王朝を滅ぼしたクーデターの中心人物でもある。ホノルルの衛生委員会も兼ねていた彼は、ホノルル知事に埋め立ての必要性をアドバイスしていた。つ

ディリンハム親子によって作られたアラモアナセンター。デパートや高級ブランドのブティック、スーパーマーケット、フードコートなど多数の店舗が営業する世界最大の屋外ショッピングモール。買い物客は圧倒的に日本人が多い。
(出典:Creative Commons)

まりディリンハムは、自分で作った衛生上の問題を理由にして埋め立てプロジェクトを提案し、その工事も受注するという自作自演をしたことになる。

さらに工事を始める時点で、ディリンハムはワイキキ最大の土地所有者にもなっていた。一九二八年に埋め立て工事が終わると、ワイキキの地価は三〇倍にも値上がりして、ディリンハムや彼に投資した白人資産家たちが莫大な利益を得ることになった。すっかり姿を変えたワイキキには、次々とアメリカ資本のホテルが建設され、富裕層が観光に訪れるようになる。プロジェクトは、政府首脳と結びついた商売人ディリンハムの描いたシナリオ通りに進んでいった。

一方、埋め立てと運河の建設によって、農家や漁業者の生活は崩壊した。ワイキキで魚の養殖をしていた中国人のコメントが、ドキュメンタリーフィルム『Taking Waikiki』の中に残っている。

「養殖場に海水が入って、魚はみんな死んでしまった。かつては毎日一二ドルの収入があり、コストの一〇ドルを差し引いた二ドルで、一家六人が食べていた。でも工事のせいで収入そのものが一日二ドルになってしまい、ここから出て行かなくてはいけなくなった」

こうして、多くの農民や漁民が生きる糧を失って離散していった。ちなみに、ディリンハムはその後もアラモアナを埋め立てて巨大ショッピングセンターを建設するなど、オアフ島の主要な土木工事をほとんど請負っている。そう考えると、日本人がイメージするハワイを作ったのは、このディリンハムと言えるのかもしれない。

✻「ハワイ」の完成

埋め立てと平行して、ハワイ宣伝委員会（現在の観光局）は、アメリカ本土向けの観光誘致を開始した。ハワイを舞台とするハリウッド映画も次々と製作され、美しいビーチやエキゾチックな文化、セクシーな女性たちなど、アメリカ本土の白人が求める「楽園ハワイ」のイメージが量産されていく。その過程で、先住ハワイアン文化の商品化も進んでいった。もともとハワイにはなかった「ハワイアン音楽」がつくられ、また本来の神々に捧げる神聖な踊りとしてのフラとは異なる、観光用の派手な「フラダンス」が踊られるようになったのもこのころからだ。

本土の富裕層を中心に順調に伸びていた観光客数は、一九二九年に起きた世界恐慌によっていったん途絶える。危機を迎えた業界を救ったのは、四一年から始まる太平洋戦争だった。大量にやってきた兵士たちは住民の反発を買ったものの、一方で消費を生み出してくれるお客様でもあった。ここから産業界が軍への依存を深めていくことは、Ⅱ章で触れたとおりだ。

一九五九年にハワイが州に昇格すると、観光大国に向けた動きはより加速していく。ジャンボジェット機が就航した七〇年には、渡航費が格安になり、富裕層だけではなく一般のアメリカ人も急増した。このころから観光業収入が、軍事と農業を抜いて最大になっている。

日本人観光客がハワイに押し寄せたのもこのころからだ。一九七八年には日本人だけで年間五〇万人を突破、九六年にはハワイの人口の倍近い二〇〇万人以上が訪れた。その後の日本の景気

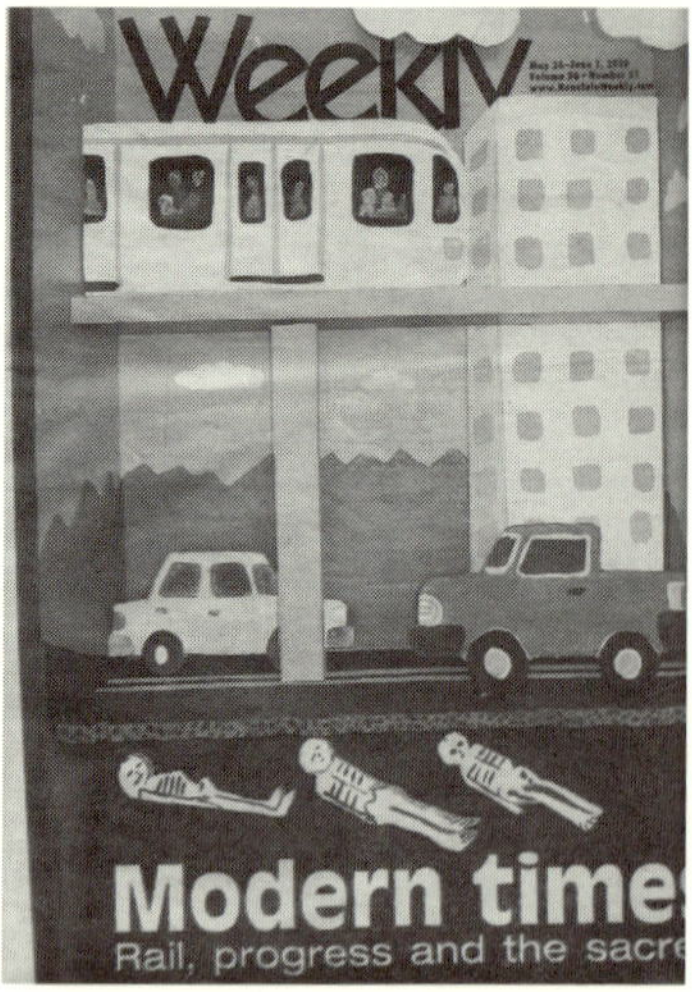

「ホノルル・モノレール」開発をめぐる問題を伝えるフリーペーパー「ホノルル・ウィークリー」の記事。現在、開発に関連して最大の問題になっているのが、工事現場で発掘されるハワイアンの人骨の扱いだ。人骨が発見された場合、かつては廃棄処分されていたが、90年代からは処分することは違法とされた。しかし現在ホノルル市が渋滞緩和のために進めている、ホノルル空港からアラモアナまでのモノレール計画の工事では次々と人骨が発掘されている。先住ハワイアンの立場から米軍と闘ってきたレイマイレ（II章に登場）は、現在この人骨問題を担当する「埋葬委員会」という機関で活動し、人骨の扱いをめぐって政府と交渉している。「彼らがそこにいるのは、ちゃんと意味があって植えられたの。彼らによってアイナがまた豊かになり、次の世代を育んできた。だから絶対に動かしてはいけないの」とレイマイレは語る。

低迷を受けて、日本からの観光客数は頭打ちになっているものの、それでも二〇一〇年には約一五〇万人が来訪し、一日当たり二七〇ドル前後のお金を消費している。この金額は、ほかのどの国の観光客よりもダントツに多い数字だ。ハワイの観光業にとって日本人は、数ではアメリカ本土に次ぐ第二位、使う金額は第一位という「よきお客様」であり続けてきた。だから、日本人観光客の振る舞いが、ハワイ社会や環境に及ぼす影響力は、いろいろな意味で大きい。

ハワイに過去最大の観光客が訪れたのは二〇〇七年で、年間七六二万人が訪れている。当時の観光収入の一兆三〇二〇億円（二〇〇六年）は、同じ時期の日本の外国人観光客による観光収入（約一兆円）を上回る。ハワイの人口が日本の約一〇〇分の一であることを考えると、観光業への依存度の大きさがよくわかる。

ワイキキの貴重な湿地が、コンクリートで埋め立てられて八〇年以上が経つ。その間、右肩上がりに成長してきたかのように見えるハワイの観光業とリゾート開発。これらは、この島の人々に何をもたらし、何を奪ってきたのだろうか。

❇バナナも砂糖も輸入モノ？

ハワイは、世界中のリゾート地のモデルだ。メキシコのビーチでは、観光客にレイをかけるのが習慣になっているし、リゾートウェアはハワイのアロハシャツやムームーをまねして作られている。しかしそんな人気の「ハワイスタイル」は、「本場」のハワイに多くの問題をもたらしている。

観光客の増加による環境汚染や文化の破壊を前にして、「観光客はハワイに来るな」と言うハワイアンがいることは冒頭で紹介したとおりだ。しかしそこまで観光を全否定しないで、ハワイアン自身がもっと観光業に携わり、コントロールしていくべきだと説く人物がいる。ハワイ大学で観光学を教える、ラムジー・ターム教授だ。彼が大切にしているキーワードは、サスティナビリティ（持続可能性）である。ラムジーは、そもそも人口一三〇万人の島に、年間七〇〇万人以上が訪ねて来るというビジネスモデルに無理があると言う。確かにこの数は、ハワイの人口の五倍以上、また先住ハワイアンの三〇倍以上になる。ハワイは、自分たちで呼び込んだはずの観光客に振り回されてしまっているようなものだ。

「かつてのハワイアンが、一〇〇％の自給生活を千年近く続けてきたことは知っているね？　でも今は食料の八五パーセント、エネルギーの九〇パーセントを輸入に頼っている。食料は一〇人いたら八人分を外から持って来ている。その八人がちょうど観光客の割合なのだけど、それってどう考えても、バランスがとれたモデルとは言えないよね。海に囲まれたハワイで飛行機や船が止まったら、すぐに食べ物がなくなる。だから、ハワイはもっと食べ物を作らなければいけない。昔できたのだから、高度なテクノロジーがある今、できないことはないはずだ」とラムジーは言う。

二〇〇一年に9・11事件が起きて、実際に船と飛行機が止まったことがある。食糧の備蓄が少ないハワイでは、市民の間に不安が広がった。そのときは電気があったから、まだ冷蔵庫が使えた。でも災害などで電気も止まってしまったら、一週間分の食べ物しかなくなってしまう。華やかに見えるこの太平洋のリゾート地は、実はとても脆《もろ》い土台に支えられている。

ハワイ大学で観光学を教えるラムジー・ターム教授

そういえば、ぼくも不思議に思ったことがある。ハワイではあちこちでたくさんのトロピカルフルーツが実っている。特にバナナなどはどこに行っても手に入る。それなのにスーパーで売っているバナナはエクアドル産だったりするのだ。これをラムジーに話すと、確かにそうだね、と言って笑う。

「バナナだけじゃない。ここで売っている砂糖はカリフォルニア産なんだ。サトウキビはいっぱいあるというのに……。砂糖もコーヒーも、実はここで生産したものをカリフォルニアで商品化して、もう一度ハワイに戻している。カリフォルニアで砂糖を買うよりも、原産地の方がコストが高いって何だかおかしいよね？　輸出してるものでさえこうなんだから、ほかのほとんどのものは輸入に頼りっぱなしだ。これは輸入で成り立っている経済を象徴している。ぼくたちはそれを地域ベースの経済に戻さなくてはいけないんだ」

ハワイでは、「観光客と食とエネルギーを輸入して、お金を輸出している」と言われている。観光で得たお金も、本土や外国の企業にもっていかれる仕組みができているから、地元にはあまり残らない。ハワイに残るのは、ゴミと汚染というわけだ。

ちなみにハワイには小規模なゴミ処理施設しかなく、埋め立てる土地もすでにないので、ゴミ問題は深刻化している。お金を払ってアメリカ本土で処理してもらう契約をしたものの、アメリカ先住民や環境団体の反対もあって簡単ではない。そもそも自分の島で処理をしきれないほどのゴミを出し続けることに無理がある。

「もうこのシステムは長く維持できないんだよ。全体のエネルギー量を減らすためには、ここの人がエクアドルのバナナじゃなくて、ハワイのバナナを食べることだ。ゴミも出ないし、無駄な燃料やお金はかからないからね。遠いところからわざわざ食べ物をもってくるなんて、持続可能じゃない。たくさんの観光客を呼ぶマスツーリズムは、経済的には必要だと言われているけれど、ぼくたちは本当にそんな持続できない社会を望んでいるのかを考える必要がある」

現在の観光のビジネスモデルは、すべて西洋からきた考え方だ。ラムジーは、人々がそういうシステムの中に浸かってしまっているから、ほかに生きる道がないのだと思わされているけれど、アイデアを出し合えば、今のスタイルにすがらなくても生きていけると考えている。

多くの人々が「生きていくためにほかに道がない」と思い込んでいるという点では、観光業と軍事化をめぐる問題は似かよっている。そしてその産業に依存すればするほど、かえって自分たちの生きる社会を息苦しくさせて、持続できなくなる危機を招いているという点でも、とてもよく似ている。

「観光について考えるということは、農業やエネルギー、教育、そして持続可能性について考えるということだ。観光のことだけ見ているとわからないけれど、指の一本一本と掌《てのひら》の関係のように、すべてはつながっている。だから観光だけを見るのではなく、ハワイの社会全体にとってどうなのかを見ていくべきなんだ」

かつてのハワイが、アフプアアを中心にした持続可能なシステムを築いていたように、観光のシステムも整備していくべきだと考えるハワイ大学のラムジー・ターム。彼は、新しいツーリズムの形をつくろうとしている。

❇「お客様は神様」じゃない

「ワイキキを見てごらん。観光客は、ジェットスキーでもパラグライダーでも、望めば何でもできる。だけど、そんなものは世界中どこでもできるよね。なぜ、ハワイでしかできないことをやらないのだろう？　ぼくにはそれが不思議なんだ」

ラムジーはそう言って、彼が代表をつとめるパシフィカ・ファンデーション・ハワイというNGOが運営するホームページを見せてくれた。そこでは、「ハワイでしかできないこと」を体験できるローカルな活動を紹介している。例えば農業を通して活動しているグループでは、タロ農家が普段やっている農作業を一緒にやる。伝統的なルアウ（お祭り）もする。それによってゲストだけでなく、ホストにとってもプラスになる関係がつくれるという。ラムジーたちはこうした旅のスタイルを、「コミュニティツーリズム」と呼んでいる。通常の旅行では、観光客はお金さえ出せば、土地の人々にサービスしてもらうのが当然だと考えている。しかし、コミュニティツーリズムはそうではない。彼らのこだわりは、ゲストをコミュニティに呼ぶかどうかは、ホストが決めるという点だ。

「地元の人が普段からやっていることを体験するのが一番いい。でもマスツーリズムは、それを止めて、特別なことをしようとする。商業的な施設でも、伝統的なダンスを見せている場所はあるけれど、それは本物に良く似たディナーショーにすぎない。ルアウ（お祭り）はもともと誕生日や、卒業式など特別なお祝いの時にするもので、そこに家族や友人がやってきて、食べ物を囲んで集まるんだ。観光客は家族ではないし、何かを祝いにきたわけでもない。招かれて行くのでないと、本物のルアウじゃないんだ」

「お客」を意味する「カスタマー」という英語には、本来はカスタム（慣わし）の意味も入っている。それはホストの慣わしに合わせるというニュアンスも含んでいる。でも現代では、カスタマー（観光客）のニーズに合わせて、旅先をカスタマイズ（作り変える）することが当たり前になってしまった。買い物がお望みなら、サンゴ礁を埋め立ててショッピングセンターを作り、ハワイと関係のないブランドのバッグを並べる。ゴルフをしたいのなら、聖地を潰してゴルフ場を作る。それは日本でよく言われてきた「お客様は神様」という発想と同じだけれど、そんなことを続けていたら、すぐに自然や資源に限界が来てしまう。

パシフィカ・ファンデーション・ハワイのホームページに登録すると、まずゲストが自己紹介をする。そこでは自分がどんなことに興味があるのかを書いて送る。するとコミュニティの人がそれを見て招待してくれるようになっている。そして、現地の人とのコミュニケーションを円滑にするために、そのコミュニティの習慣などを事前に教えてくれる。ラムジーは言う。

「サービス産業のルーツは、サーバント（奴隷）のように仕えることから来ている。それは、観光旅行が歴史的に権力者たちのモノだったからだ。彼らは自分たちの奴隷を連れて行くか、現地にいる人を雇って楽しんだ。今のマスツーリズムも、基本的には同じ構造の上に成り立っている。『あなたを王様のように扱いますよ』というのを売りにしているから、そこに来る客が王様とか神様で、サービスをする人は奴隷になってしまう。私たちは、この上下関係をホストとゲストという対等な関係に変えていきたいんだ」

ホームページで紹介されている団体の一つ「キパフル・オハナ」は、マウイ島南東部の豊かな熱帯雨林が広がるキパフル地区（ハレアカラ国立公園内）で活動している。一九九五年、キパフルに暮らすハワイアンたちは、かつてのアフプアアを再興して、次の世代にハワイの伝統を引き継いでいくために、このＮＧＯを立ち上げた。ここが主催しているツアーは、ハワイアンがガイドをして、地域の自然や歴史的なスポットをハイキングしながらめぐるというものだ。三時間程度のコースでは、国立公園の植物を説明したり、かつての住居跡を訪ねたり、数ある滝を案内している。また、キパフル・オハナの拠点の一つであるカパフ・リビング農園も訪れて、農作業を体験できる。海を見下ろせる小高い丘の上にあるこの農園では、タロ畑や、パンの実、バナナといった伝統的な作物を栽培している。ゲストはタロの収穫を手伝いながら、かつてのハワイアンの価値観や神話を聞かせてもらう。そして、近くのコミュニティキッチンで調理された伝統料理をいただく。

ハワイアンの伝統的な食事、ポイ（右下）とラウラウ（上）。
ラウラウは葉っぱでくるんだ豚肉を蒸し焼きにした料理。

ちなみにこのコミュニティキッチンは、キパフル・オハナが政府から認可を受けて運営しているもので、このような加

ハワイでしかできないことを体験できるキパフル・オハナの農場、カパフ・リビング農園でタロイモを収穫する人々（提供：キパフル・オハナ）

工場がキパフル地区にはなかったため、これまでは苦労が多かった。キッチンのおかげで、地域の人々が栽培した食材を調理して、正規の加工品として販売することができるようになった。ハワイアンはタロをすりつぶして、ポイというドロドロの状態にして食べる。このキッチンで加工されたポイは、地元のハワイアンにも販売されていて好評だ。

代々キパフル地区に住んでいる人々や、農業に携わりたいと思ってここに引っ越してきた人々にとって、キパフル・オハナの活動は、人々を結び付ける大きな役割を果たしている。ここに観光客が学びに来ることも、コミュニティに活気をもたらす要因の一つになっている。

ただ、こうしたコミュニティツーリズムでは、一度に一〇人程度しか受け入れられないし、毎日やるわけにもいかない。だから既存の観光業界にとってのメリットは少ない。しかしラムジーは、「ハワイというカヌー」はもう人がいっぱいで沈みそうなのだと語る。

「観光業界は、もっとホテルを増やし、もっと飛行機の便を増やしたいと思っているけれど、成長はもう限界だということを知るべきだ。これまでハワイは観光に力を入れることで豊かになろうとしてきた。でもそれで本当に豊かになったのかを、今こそ問うべきなんだよ」

自分の仕事は、持続可能な古代のコンセプトと現代の人々の力を、レイのように一つにつなげていくことだと語る観光学の教授、ラムジー・ターム。新しいスタイルの観光をめざす彼らの挑戦は、まだ始まったばかりだ。

❇消えてゆく固有種

「ほら、あそこにいる小さな赤い鳥がアパパネ。ミツスイの仲間でハワイ固有の鳥です」

声を潜めて身をかがめると、生い茂る葉の隙間から、オヒア・レフアの花の蜜を吸いにきたアパパネの愛らしい姿が見えた。傍らで舞っているのは、同じくハワイ固有の黄色い蝶、カメハメハバタフライだ。

ハワイ島の南東部に、雄大なハワイ火山国立公園がある。ハワイの環境は今どうなっているの

ハワイ固有の鳥、赤い羽のアパパネ。ハワイには、絶滅した鳥が多い。ハワイアンの王族は、鳥の羽からマントをつくることを好んだ。人々は鳥を殺さず、必要な羽だけ抜いて森に戻していた。
（出典:Creative Commons）

だろうか。そう考えて、豊かな生態系を訪れるエコツアーに参加した。ぼくが歩いたのは、キラウエア・イキ（小さいキラウエア）火口のトレッキングコースだ。ここでは、「カルデラ」と呼ばれる直径約二キロのクレーターや、火山活動が生み出したジャングルのような森を散策しながら、ハワイの動植物と触れ合うことができる。案内してくれたヒロ在住の長谷川久美子さんは、経験豊富なエコツアーのガイドだ。

「これはマーマキの木。昔のハワイアンはその葉をお茶にしたり、薄くのばして布をつくったりしました。ハワイの文化は、このように自然と強く結びついているんです。カメハメハバタフライの幼虫は、このマーマキしか食べない。だから、この木がなくなるとバタフライもいなくなってしまいます。マーマキは今、ハワイ全体で減っているから、バタフライも減っているんです」

ハワイの自然の魅力に惹かれてから、ハワイアン文化にも興味を持つようになったという彼女の言葉は、ハワイの動植物への愛情であふれている。

「ハワイと聞いてみんながイメージする植物は、たいてい鮮やかな花です。私もはじめは、そう

ハワイ火山国立公園。噴火が終わってから生えてきたパイオニア（先駆）植物。オヒアの木は成長が遅く、最大でも直径が年に１ミリしか育たないがしっかりと根付いている。溶岩で覆われた大地にオヒアの花、「オヒア・レフア」が咲く。

いうぱっと見で綺麗なものの方に興味がありました。でもそういう植物はだいたい外来種で、固有種は見た目は地味なんです。そんな固有種には、なぜここにあるのかという理由がそれぞれちゃんとあります。それを知って、私の意識は変わりました。今はいろんな人に、この貴重な自然を伝えたいという気持ちでいっぱいです」

周囲を海に隔てられたハワイ諸島では、独自の進化をとげた固有の動植物の種類が豊富だ。しかし、西洋人がやってきて以来、そうしたハワイ固有の動植物は減り続けている。プランテーションや牧場に変えられてしまった場所はもちろんだが、手つかずの森に見える場所であっても、人間が持ち込んだヤギやヒツジなどに植物が食べられている。天敵がいなかったハワイの植物には毒もトゲもないから、食べやすいのだろう。鳥たちも大きな脅威にさらされている。原因は、蚊と温暖化だ。

「ハワイには、一九世紀まで蚊もハエもいませんでした。本当に楽園みたいなところだったんです。ところが西洋人とともに蚊がやってくると、多くの鳥が病気になって絶滅しました。ハワイの鳥に、そうした病気への抵抗力がなかったからです」

アパパネのように現在残っている鳥たちは、ほとんどが蚊

溶岩台地で、地中から流れてくる暖かい空気を確かめる長谷川久美子さん。地球が生きていることを実感する。

のいない高地の森に住んでいる。ところが今度は温暖化の影響で蚊の生息域が上がってきているため、危険な状態だという。ハワイの鳥は、開発による森の減少と、温暖化による蚊の広がりという二重の危機にさらされている。このハワイ島は、ガイドブックなどでは「今もまだ手つかずの自然が残る島」などといった紹介がされることが多い。しかし彼女は、それは事実ではないと言う。

「ほかの島に比べるとまだましなこの島でさえ、きちんと植生が守られている場所はごく一部です。こういう自然がなくなったら、どうしてここを『ハワイ』と呼べるでしょうか？　そう思うのは、私の人生の間にも、絶滅してしまった鳥がいるからです。一九八三年に学生としてハワイに来たとき、私はまだ自然に目を向けていませんでした。もしそのとき目を向けていたら、絶滅する前にその鳥に出会えていたかもしれない。だからこそ、今生き残っている貴重な動植物のために何かしたいんです」

最近は、自然に触れる「エコツーリズム」の人気は高まっている。けれど一方でツアーが盛んになるほど、多くの人が訪れて自然に負荷をかけている現実もある。久美子さんは、ツアーの収益を国立公園の保護のために寄付しているが、安易なエコツーリズムのブームには懸念を感じている。

丘の上からハナの森と海とを一望する、クリスティンの家からの眺望。

「エコツーリズムと言っても、旅行会社が利益を優先して自然への配慮をなくせば、従来のマスツーリズムより、もっと悪い影響を環境にもたらす可能性もあります。今、私は観光業に関わっていますが、その前に地元民としての自分がいる。ハワイを自分が住みたいと思わないような場所にはしたくないですね」

ただ自然の中を歩くのではなく、自然保護の知識を広めることをめざしてガイドを続けている久美子さん。このような大自然の中で彼女の話を聞いたからこそ、ハワイの環境が陥っている危機を少しは理解できたように思う。

❇観光のカタチを変えるボランツーリズム

マウイ島に住んでいる友人の運転する車が、急勾配をエイヤと登っていく。四WDの車でも、こんな傾斜を登って大丈夫だろうかと心配になるほどだ。エンジンをうならせて坂を上りきった先には、森のような大きな庭に一軒のログハウスが建っていた。振り返れば、眼下に広がる輝く海と鮮やかな緑の木々に咲き誇る真っ赤な花々。なんという光景かと息を呑む。

マウイ島の東端に位置し、海に面した小さな村のハナは、リゾート開発がほとんどされていないことや、豊かな雨に育まれた植物

クリスティンと『楽園保護』の本

が繁茂する環境から、「天国のような場所」と呼ばれてきた。しかしハナが「天国のよう」と言われるのは、浮世離れしたその景色からだけではない。

近郊にあるキパフル地区と同様に、ほかの地域から隔絶している環境のため、多くの家庭には電気や水道が通っていない。この家も手作りで、電気はソーラーと風力による自家発電、水は雨水を利用している。出迎えてくれたクリスティン・ワットレーのその白一色の服装とあいまって、もし天国の住人がいたら、こんな感じかもしれないと思わずにはいられなかった。「天国」っぽくなかったのは、強く吹き付ける風に、発電用の風車が勢い良く回っていたことくらいだろうか。

環境ジャーナリストのクリスティンが、〇八年に編集した『楽園保護（Preserving Paradise）』という本は、ハワイの観光業界で注目の的になっている。この本で紹介されているのは、ハワイ各島で自然を守るために活動している六五の団体だ。活動には、ボランティアとして誰もが参加できるものばかりで、内容も自然が豊富なハワイだけに実に多様だ。ビーチでのゴミ拾い、カメや野鳥の保護、海に潜ってサンゴをケアしたり、国立公園で外来種を駆除し、植生を守る活動もある。またキパフル・オハナのように、ハワイアンとともにタロイモを育てるなど、伝統的な生活スタイルを学べるプログラムもある。

こうした歴史と自然を体験しながら行う参加型の活動は、ボランティアとツーリズムを合わせて「ボランツーリズム」と呼ばれる。ボランツーリズムの登場によって、「観光と環境保護とは対立するもの」とされてきたこれまでの常識に、変化が起きている。

クリスティンに、なぜこの本をつくろうとしたのかを聞いた。カリフォルニア出身の彼女は、一九九八年にハワイにやって来た。当初はトラベルライターとして、ハワイの自然についての記事を書いていたが、しだいに「誰かをどこかに行かせる」という自分の仕事に対して、疑問を持ち始めたという。

「以前はカウアイ島に住んでいました。森やビーチなどの自然に触れ合うことが大好きで、それが仕事になったらいいなと思ったんです。でもライターを始めてすぐ、素晴らしい場所は大勢に教えない方が、環境のためにいいのではないか、と葛藤するようになりました。これまでにも、観光客が訪れるようになって汚染されたり、地域の迷惑になったりする例がたくさんありましたから……」

自然との共存をめざすエコツーリズムの考えは広まってきたけれど、彼女は「環境を悪くしない」というだけではもの足りなかった。この本を作った理由は、もう一歩進んで、人がその場所を訪れることで、環境が今より良くなるような活動に関わって欲しいと願ったからだ。

「人々はここに紹介されている活動に参加することで、貴重な体験ができます。またこれまでの観光では、お金を通じて『サービスする人』と『サービスを受ける人』との人間関係しか作れなかったけれど、ボランツーリズムでは自然を守る人同士の対等な関係をつくることができます」

この本の反響は、クリスティンの予想を越えて広がっていった。

「こうした活動には興味がないと思っていた、観光業界の反応が良かったので驚きました。大手の旅行会社のマネージャーから、こんな情報が知りたかったって、興奮した電話がかかってきたんです。こういうものを求めるお客さんが増えたということなのでしょう。嬉しいのは、環境活動をすでにやっている人からではなくて、一般の人からの反応が大きかったことですね。これからは、環境を破壊して旅行を楽しむのではなく、自然を守りながら学んでいけるこうしたスタイルが、旅のメインストリーム（主流派）になっていくはずです」

ハワイ州政府や観光協会などから高く評価されたこの本には、二〇一〇年から補助金が付くことになり、学校などに本とＤＶＤが配布されている。クリスティン自身も、観光業界や学校の先生たちを対象とした講演会を頻繁に行っている。自然の美しさが売りになっているはずのハワイで、これまでどれだけ自然を破壊してきたのかということに、人々はようやく気づき始めているのかもしれない。

❇捕鯨の街はいま

マウイ島で最も観光客の多い街ラハイナ

樹齢一三〇年を超える巨大なバニヤンツリー（菩提樹）がつくりだす木陰に、地元アーティストの色とりどりの作品が陳列されている。海沿いのメインストリートに並ぶ木造の家屋は、歴史ある港町の風情を漂わせる。

マウイ島西部にあるこのラハイナは、かつて捕鯨で栄えた街だ。一九世紀初頭、照明の燃料にはクジラからしぼった油が使われていた。すでに自国の沿岸のクジラを取り尽くしていたアメリカの捕鯨船団は、拠点をハワイに移して、アジアや太平洋のクジラを追っていた。そのためハワイでは捕鯨が主要産業になり、港町ラハイナは、その船団の補給基地として繁栄した。

ハワイの捕鯨産業は、日本の近代史とも深く関わっている。「ペリーの黒船来航」が、鎖国をしていた当時の日本を大きく揺るがしたことはよく知られているが、ペリー最大の目的は、

ポルトガル人が持ち込んだウクレレとアコーディオン。ハワイのサトウキビ畑で多くのポルトガル人が働いていた理由には、捕鯨船員としてやってきたポルトガル人が、捕鯨が衰退してから、プランテーション労働者に転職したという背景がある。彼らが持ち込んだウクレレなどの文化は、その後ハワイに根付くことになった。（ハワイズ・プランテーションビレッジ所蔵）

ハワイを基地とするアメリカの捕鯨船が日本に立ち寄る際、食料や水を提供してもらう約束を取りつけることだった。しかしハワイの捕鯨産業そのものは、Ｉ章で述べたように一九世紀半ばには早くも衰退する。代わって主要な産業となっていくのが、サトウキビだ。

現在のラハイナには、冬になるとザトウクジラをはじめ、たくさんのクジラやイルカが集まってくる。そこで、ホエールウォッチングが盛んに行われている。かつての捕鯨の街が、今やホエールウォッチングのメッカになっているというわけだ。そうしたツアーを主催するグループの中に、クリスティンの『楽園保護』で取り上げられている環境保護団体がある。それがパシフィック・ホエール・ファンデーション（以下ＰＷＦ）だ。章の最後に、新しい形のエコツーリズムに取り組むこの団体を訪れてみよう。

ＰＷＦは、一九八〇年に設立された当初、クジラをはじめとする海洋生物の調査や保護を行う環境ＮＧＯだった。彼らが特殊だったのは、一般の人も調査船に乗せて、船の上で環境教育を行い始めたことだ。ツアーは大人気となり、ＮＧＯ部門とは別にツアー会社を立ち上げ、今や年間三〇万人の旅行者が彼らの船に乗るという。これは、マウイに来る観光客（約二〇〇万人）の、およそ七人に一人の割合になる。ＰＷＦはそれを根拠に、環境だけでなく経済面でも、ホエールウォッチングは捕鯨より持続可能なのだと主張している。

ＮＧＯと企業がチームを組んで環境保護と教育を行うという、世界的にもユニークな取り組みは、ハワイだけでなくアメリカ本土でも注目を集めている。彼らは船を使ったツアーと、オリジナルグッズを扱うショップを資金源にしているため、政府などから援助を受ける必要がない。そのため援助を受けているほかの環境団体より、自由に活動ができるという強みがある。

また、エコツアーという面でもＰＷＦは高い評価を受けている。最近はブームに便乗して、「エコ」を売り物にする会社が増えているけれど、ＰＷＦはベースが環境ＮＧＯなだけに、そうした宣伝のための「エコ」とは、本質的に違っているからだろう。

ＰＷＦのショップ。フードマイレージ（輸送距離が長くなることで起きる環境負荷）を減らすために、商品はできるだけ地元産のものか、地元で作るものを販売している。このＴシャツは、有機綿と大豆インクを使用、プリントも地元で行っている。

❇徹底したエコツアー

ぼくが訪れた五月は、すでにクジラのシーズンは終わっていた。でもイルカには遭遇できるというので、ドルフィンウォッチングやシュノーケリングを体験して、洋上でランチを食べて港に戻ってくる半日ツアーに参加してみた。

ぼくたちが乗るオーシャン・ディスカバリー号は、PWFが持っている七隻《せき》の船のうちの一隻だ。船体には、クジラと衝突しても傷つけない設備がついている。それほどクジラには近づかないので、一度も使ったことはないけれど、万が一のための備えにお金をかける点にも、この組織の徹底ぶりがあらわれている。また、汚染物質を含まない船のペンキや、極めて燃費の良いエン

オーシャン・ディスカバリー号。船では、シーフードに関して、どの魚は減少しているか、あるいはどの魚なら食べても問題ないかといった情報が、イラスト入りで書かれた持続可能なメニュー（シーフード・ウォッチ・プログラム）が配布される。

船と併走するイルカ。

PWFオフィスのメンバーは元気いっぱいだ。最前列右の男性がベンジャミン。２列目、左から３番目が代表のトレイシー・ジョーンズ。ボランティア活動は、海だけではなく、国立公園での外来種の除去なども行っている。日本人も大勢ボランティアに訪れているという。

ジンを使っていることにも、環境への配慮が見て取れる。船が出発してから配布された日焼け止めは、サンゴを汚染しない成分でつくられている。こうした細かな配慮をすることで、参加者は船を降りてからも、環境に優しいものを買うようになるという。

右にラナイ島、左にカホオラヴェ島を眺めながら、しぶきを上げてボートが進んでいくと、へさきに二頭のイルカが現われて併走してきた。親近感からなのかどうかはわからないが、船がイルカを追っているわけではないのに、イルカたちは船と併走して三〇分ほども飛び跳ねていた。シュノーケリングでサンゴ礁を楽しみ、おなかをすかせたころにはランチが待っている。ここで使われる食器やコップ類も、自然に還る素材を使用している。

ＰＷＦはこうしたツアーを環境教育と位置づけているけれど、参加した側からすると、何かを押し付けられたり、お説教されている感じは受けなかった。軽い気持ちで楽しめるから、毎年大勢の人がこの船に乗るのだろう。ＰＷＦのボランティアやスタッフの多くも、かつてこうしたツアーに参加して、クジラやイルカに触れたことが、働くきっかけになったという。

ＰＷＦのオフィスを訪ねると、エンジニアであり日本語通訳もこなすベンジャミン・ワードが迎えてくれた。オフィスでは、ツアー部門をはじめ、海洋生物を研究者が調査するリサーチ部門、マガジンを発行する部門など様々な部署でスタッフが作業をしている。船上でもそうだったが、ＰＷＦのオフィスは、とにかく活気であふれている。港にあるショップも含めて常時一〇〇人以上いるというスタッフのほとんどが二〇代、三〇代の若者だ。案内してもらいながら、ベンジャミンがスタッフになった経緯も聞いてみた。

「ぼくは最初、一般の参加者として船に乗りました。そして美しい海と、ＰＷＦの魅力に恋をしてしまいました。すぐにボランティアに登録して、より深く関わるために専従スタッフになったんです」

ボランティアとして関わっている人の数は、いつも数百人の規模になる。彼らの情熱が、この団体の活力源になっているのは間違いない。

❇リーディングカンパニー

三〇年以上かけて収集したデータを集めたファイルが並ぶ調査部門では、ＰＷＦで代表を務めるトレイシー・ジョーンズが説明してくれた。彼女には、日本も深く関わっている捕鯨について意見を求めた。

「日本政府は、クジラの調査は殺さないとできないと言っていますが、長年調査をしている私たちの意見では、殺すことで新たにわかることは一つもありません。何を食べているのかは、その海域を調べればわかるし、健康状態は体や排泄物の状態などからわかります。それよりも殺してしまうと、クジラの生態や移住先、寿命など、わからなくなることの方が多いんです。調査のために毎年殺し続ける必要などまったくありません」

捕鯨への反対といえば、二〇一〇年の日本では、日本の捕鯨船への妨害活動を行ったシーシェパードという過激な団体のことが話題になっていた。そこであえて、シーシェパードの活動について聞いてみた。

「言うまでもありませんが、私たちのアプローチは、シーシェパードとはまったく違います。私たちは彼らよりもっと科学的ですから」

日本に限ったことではないが、メディアは過激なものを取り上げた方が話題になるから、どうしてもシーシェパードのようなグループに注目しやすい。だから日本で「反捕鯨」というと、すぐに過激なイメージがついてまわり、結果として不毛な論争を招いてしまう。でも世界で捕鯨に反対している大半のグループは、穏やかで科学的根拠に基づいて反対している。ここでは捕鯨の

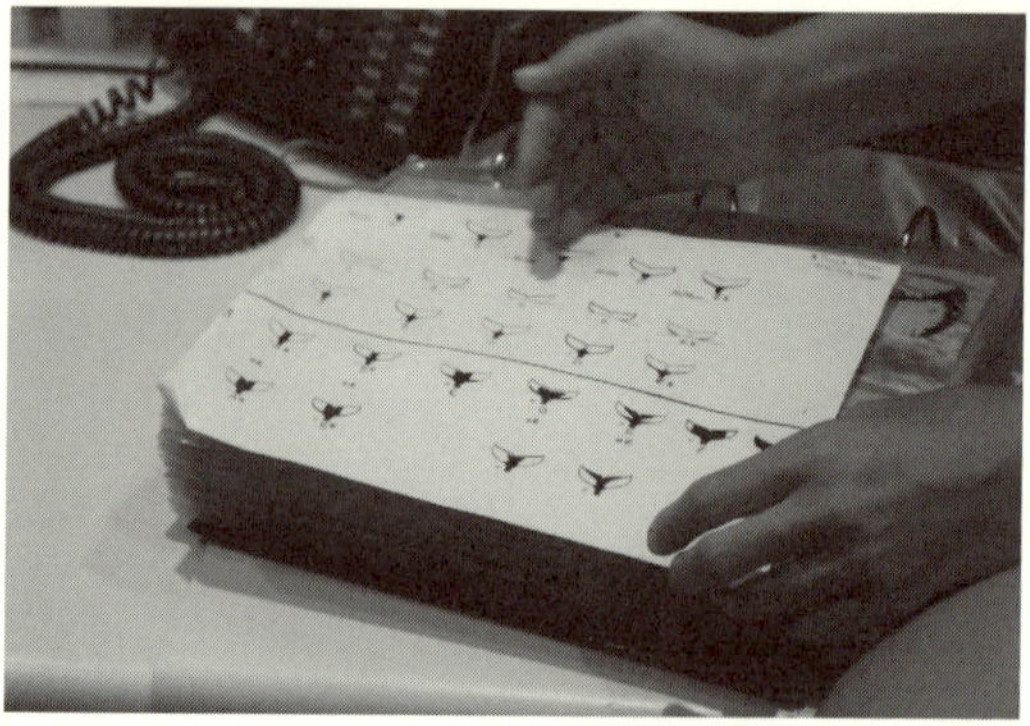

30年以上にわたりクジラやイルカの調査を続けているリサーチ部門には、膨大な写真やデータが保管されている。すべての鯨は識別されているので、一般の人も「クジラサポーター」に申し込むことで、環境保護に関わることができる。サポーターは年会費を払って特定のクジラの「里親」になり、そのクジラの経歴や、現在いる場所、何をしているといった情報を教えてもらうことができる。

是非そのものについての議論には触れないが、ＰＷＦのように、長年の調査を元に捕鯨に反対しているグループがあるということは、日本でもっと伝えられるべきだと感じている。

教育プログラムのマネージャーであるメリル・カウフマンに環境教育を行う教室を案内してもらった。

「ここでは幼い子どもたちから、知識の高い人向けまで、さまざまな海洋保護プログラムを行っています。学校の子どもたち向けの教室では、ここで海のことを学んでから船に乗るんですよ」

教室は、子どもたちが切り抜いた魚やサンゴの絵、海岸で拾ったゴミでつくられたアートなどで飾られている。環境保全の専門家たちのリーダーでもあるメリルは、どのような形でメッセージや知識を広げていけるのかについて、いつも考えている。

「一番大切なのは、人々が船を降りてから、日々の生活習慣をどう変えていくかということですね。船の上で海やクジラに感動しても、そこで終わっては意味がありませんから。難しいことですが、それが私たちにとっての最大のチャレンジです」

ぼくが参加したクルーズでも、コストより環境を重視するという姿勢は強く伝わってきた。でも、それで果たして採算が合うのだろうか。

「例えば、船ではひとつ五セントの自然分解するカップを使っています。もっと安いカップはありますが、環境を守るためには妥協しません。船で出すビールも、フードマイレージを減らすために、輸入モノではなく、マウイのローカルビールを仕入れています。もちろん値段は高いですが、こうした姿勢にビール会社も賛同して、積極的にスポンサーになってくれています」

メリル・カウフマンと環境教育のための教室。ＰＷＦでは、30年にわたり地域でイベントを開催している。中でもホエールデーというイベントは、かつては１年に１日だったのが、今では２月の１カ月間を通して行われる大イベントに成長した。この期間には、調査員とともにホエールウォッチングをしたり、シンポジウムやマラソン大会が実施されている。１カ月間に関わるボランティアの数は約２万人である。

徹底したこだわりが別の面からのプラスを生み出すというのは面白い。もちろん、彼らがコストをかけているのは船上だけではない。ＰＷＦでは、船から出る汚水や排泄物も海には流さず、港に持ち帰ってくみ出している。

「ここまでやっているのは、私たちだけです。そしてこの取り組みを私たちだけで終わらせないために、港にくみ出し施設を作るよう政府やほかの企業にも働きかけています。ＰＷＦが設けている独自の環境基準は、国や州の基準よりはるかに厳しいものです。その理由は、私たちが率先して環境に良い活動を行うことで、ほかの企業もついてくると考えているからです」
メリルが言うように、実際にPWFは、ホエールウォッチング業界のリーディングカンパニーとしての評価を受けている。しかし彼らが目指しているのは、この業界を変えていくことだけにとどまらない。PWFは、ハワイ全体、アメリカ全体の観光業界に変化を巻き起こそうとしている。

コミュニティツーリズム、ボランツーリズム、そしてPWFのエコツアー……。近年始まったこうしたオルタナティブな取り組みに触れて一番感じたのは、ハワイに暮らす多くの人が「このままではいけない」という思いを抱いていることだった。

コップや皿、フォークも環境に配慮したものを使っている。（photo:木高香奈絵）

それはまた、この四〇年間に嵐のようにハワイに押し寄せ、「商品としてのハワイ」を消費し続けてきたぼくたち日本人にも、「観光とは何か」を問い直す時期が来ていることを示している。「ショーとしてのハワイ文化」をただ観覧する旅から、人々との普段着の交流を通して、同じ目線で語り合う旅へ。大自然を眺めるだけの旅から、積極的に環境を改善していくための旅へ。求められているのはこれまでの、ごう慢で、都合の悪いことには目をふさいできた旅のスタイルを、転換していくことではないだろうか。

Ⅳ 楽園の農場のヒミツ

——疑惑のタネ

大きく育ったジャックフルーツを収穫（マウイ島のカフヌ・ガーデン）

マウイ島に唯一残る砂糖工場

❇移民たちの村で

一九世紀半ばから約一〇〇年間にわたり、ハワイの政治と経済を支配してきたサトウキビ産業。最盛期には、六六の砂糖会社が一〇〇近くの農園を経営していた。しかし近年は、人件費の安いアジア諸国に拠点が移ったことで生産量が激減。今ではマウイ島に砂糖工場が一つ残るだけという、斜陽の産業となっている。それでもハワイの歩みを語る上で、砂糖農園とそこで働いた移民たちの歴史は欠かせない。ハワイの農業を取り上げるこの章では、まずサトウキビ産業を振り返ってみたい。

砂糖農園の労働力として白人経営者たちが呼び込んだ人々は、世界三四カ国、約四〇万人にものぼった。しかしほとんどの国の人々は、契約が終わると出身国に戻るかアメリカ本土に移動したため、ハワイに定着する者は少なかった。ハワイで暮らし多民族社会の礎をつくったのは、主に八つの民族だ。中でも最大のグループになった日本人は、移民全体の約半数、一八万人にまで増えていった（砂糖農園以外の職業の移民も含めると、日本人は二二万人になる）。

当時の労働者たちの暮らしを伝える博物館がある。オアフ島の中心部ワイパフにある、ハワイズ・プランテーションビレッジだ。かつて広大なサトウキビ畑のあったこのワイパフは、移民の

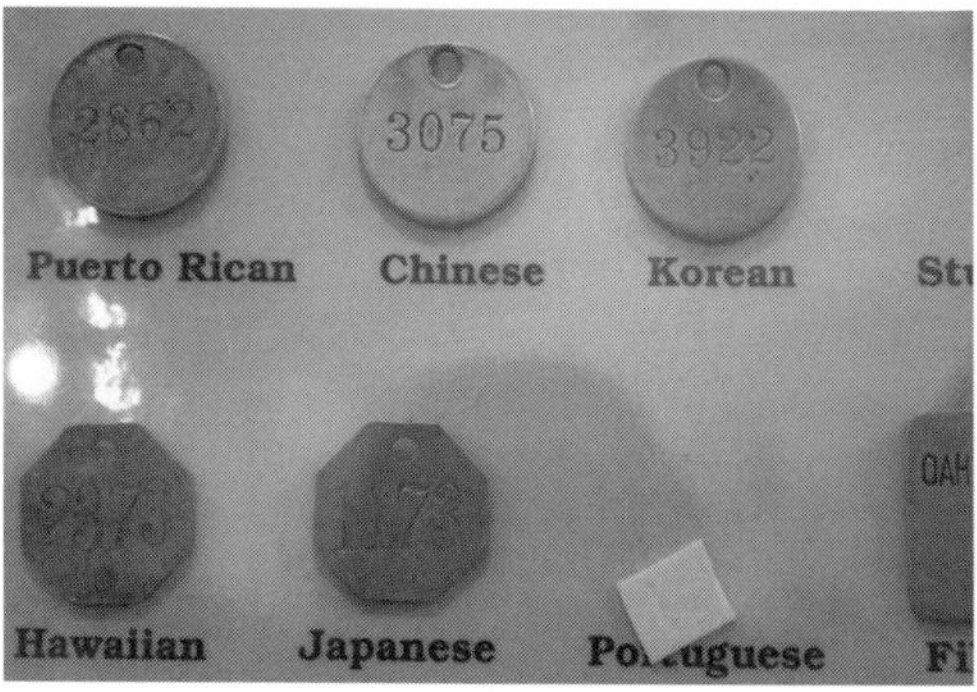

バンゴー札（左）とムチ（右）

歴史を象徴する町でもある。サトウキビ産業が始まった当初は中華系移民の町として栄えたが、お金を貯めた彼らが都市部に移動すると、代わりにワイパフで多数派になったのは日本人だった。そして現在この町で多い民族は、移民として最後にやって来たフィリピン人になっている。町の住人が頻繁に入れ替わった背景には、ホノルルから離れて土地代が安かったため、新たに入ってくる移民にとって住みやすかったという理由もある。プランテーションビレッジを案内してくれたのは、この地域で生まれ育った日系三世のケン・カネシゲだ。

「ハワイの子どもたちのルーツは、ほとんど砂糖農園の契約労働者です。でもその産業がなくなろうとしています。そこで、自分のおじいさん、おばあさんたちがどんな経験をしてきたのかを残すために、一九九二年にこのビレッジがつくられました」

農園の労働者は、炎天下で週六日、一日一〇時間以上も働かされた。展示品の中には、その労働の過酷さを象徴する品もある。労働者が首から付けていた「バンゴー」と呼ばれる金属の札と、皮のムチだ。

「バンゴー札には数字が書いてあるだけで、名前はありません。形で民族と男女の区別がされていました。『ルナ』と呼ばれる現場監督から指示を受けるときも、給与をもらうときも、番号しか呼ばれません。ルナたちからの命令に背けば、容赦なくこのムチが飛んできます。彼らは人間扱いされていなかったんです」とケンは説明する。

二〇世紀に入ってからも、バンゴーやムチが使われていたことに驚かされる。白人経営者たちは、労働者同士が団結することを防ぐために、様々な手段を駆使していた。扱いや給与には、民

日本人移民の家

日本人移民の一世は、子どもたちが日本語を忘れないように日本語学校を作り、神社やお寺を作った。盆踊りや灯篭流しなどの行事は、今やハワイの文化として広く受け入れられている。

沖縄系移民の家

族ごとに格差をつけた。肌の色が白いほど優遇されるという基準で、ヨーロッパではドイツ人がポルトガル人より上、アジアでは日本人がフィリピン人より上だった。また、民族グループごとに別々のキャンプに住まわされたため、触れ合う機会も少なかった。徹底した差別化によって、お互いの民族間の妬みや差別意識は助長されていく。そうした状況が、第二次大戦後まで続いた。

「労働条件の改善を求めるストライキは、毎年のように起きていましたが、すべて失敗しました。一つの民族が立ち上がると、経営者の指示を受けたほかの民族につぶされたからです。でも一九四六年は違いました。この年に初めて、民族の壁を越えた労働組合ができたのです。このストライキは成功して、彼らはやっとアメリカの普通の労働者と同じ立場に立つことができました」

「ビレッジ」というだけあって、広々とした敷地には各民族の文化的背景を色濃く残した住宅が建てられている。特に日本人コミュニティの施設は充実している。数家族が共同生活していた長屋、どこの街にもあった豆腐屋や銭湯、そして神社まである。貧しく、そし

朝鮮系の、年齢が離れた夫婦の写真。ハワイでは1907年から24年にかけて、東洋人を受け入れないという法律が定められた。そこで日本人や朝鮮人の労働者は、独身女性に本国で籍を入れさせて、ハワイに呼び寄せるようになる。相手の写真だけで結婚をすることから写真結婚（ピクチャーブライド）と呼ばれた。この家庭のケースは夫が45歳の時に、25歳の時の自分の写真を使って、19歳の妻を呼び寄せたというもの。年齢を20歳騙されたことに気づいた女性は８日間泣き続けたが、厳しいしきたりの中で出戻りは許されなかった。最終的には14000人の本土の花嫁、7000人の沖縄の花嫁、1000人の朝鮮の花嫁が写真結婚でやって来た。

案内役のケン・カネシゲ。彼のおばあさんも、写真結婚でハワイに来ている。「ぼくのおじいさんが25歳のとき、19歳の娘を嫁にもらうはずだったのに、実際にやってきたのは、姉のパスポートを使って入国した15歳の妹でした。おじいさんも驚きましたが、15歳で身寄りのない家に送られたおばあさんはさぞ不安だっただろうと思います」

て厳しい暮らしの中でも、人々が支えあって生きていたことがわかる。

その中に、日本人の家とは雰囲気の異なる家があった。周囲はハイビスカスやソテツなど南国の植物が植えられていて、屋内にもシーサーや三線《さんしん》などが飾られている。ケンは、沖縄系移民の家だと説明する。

「沖縄県からの移民の数は、山口県や広島県よりも少なく、日本全体で三番目か四番目です。それなのに日本人移民とは別に、沖縄系移民の家がある理由はなぜでしょうか？　そこには、本土の日本人による沖縄出身者への根深い差別が関係しています」

実は、ハワイの文化を築いたとされる「八つの民族」では、日本人と沖縄出身者は別の民族に数えられている。ハワイに日本人移民がやってきた時期は、沖縄が日本の領土になったばかりだった。そのため、本土の日本人は「彼らは日本人ではない」という意識を持ち、激しい差別をぶつけた。そのため沖縄の人々は、過酷な労働とアジア人への差別待遇に加えて、本土の日本人からの差別にも耐えなければならなかったというわけだ。それを乗り越えてきたのは、仲間たちとの絆だった。だから沖縄出身者は、「日系移民」としての意識以上に、「ハワイのウチナーンチュ＝オキナワン」としての意識を抱くようになったと言われる。このプランテーションビレッジの近くに、そうした沖縄系の人々の絆を感じられる施設がある。

❇ハワイの中の沖縄

「♪うーむかじ　とぅーみてぃ　かーじたちゅる日や　なだーそうそうー」

隣の部屋から、子どもたちの元気な歌声が聞こえてくる。

「サマーキャンプの子どもたちが、ウチナーグチ（沖縄語）で『涙《なだ》そうそう』（作曲・BEGIN／作詞・森山良子）を歌う練習をしているんです。明日はみんなの前で発表するんですよ」

入り口でシーサーが出迎えてくれるハワイオキナワセンターは、ハワイにある小さな沖縄だ。優しく説明してくれる事務局長のバーニ・宮城（五九歳）は、一九九〇年にセンターができてから二〇年間、運営を任されてきた。彼女は幼いころから、沖縄文化に慣れ親しんできた。舞踊を学ぶために沖縄まで行ったことも

ハワイオキナワセンター。センターを主催するハワイ・オキナワ連合会は、沖縄の文化を保存したり、ＰＲする役割を担っている。最大のイベントは、毎年夏にカピオラニ公園で行う沖縄祭りだ。また、子ども向けのサマーキャンプでは、４日間で空手の練習や、沖縄語、沖縄料理教室、クラフトづくりなど様々な体験授業が行われる。2010年に参加したのは９歳から11歳の小学生70名ほど。

當山久三の像と金武町の石

あるという。

「一世のおばあちゃんが、沖縄のものは必ず勉強しなさいと、口癖のように言っていたものですから。そうしたこともあって、センターができるときに声をかけていただきました」

このセンターは、ハワイに暮らす沖縄系移民の子孫が集まる拠点が欲しいという要望を受けて設立された。ここでは沖縄語の講座や料理教室、そしてお祭りなどを通して、子どもだけでなく大人も、沖縄の文化や歴史を学んでいる。今日はちょうど、小学校の子どもたちが沖縄文化を学ぶ「サマーキャンプ」が開催されていた。

沖縄の植物が茂るセンターの庭には、「沖縄移民の父」と呼ばれる當山久三《とうやまきゅうぞう》の像と、金武《きん》町出身の彼を記念して、沖縄移民一〇〇周年（二〇〇〇年）に金武町から運ばれてきた巨大な石が置かれている。石には、「いざ行かん　我らの家は五大州」という當山の志が刻まれている。

ハワイへの移民が始まったころ、日本に組み込まれたばかりの沖縄の人々は、経済的に特に厳しい状況にあった。貧しさゆえに、子どもを売るしかないような家庭も多かった。当時、日本本土にいた當山は、沖縄の人々が生きる道は、「楽園」と謳《うた》われたハワイへの移民しかないと考える。當山たちの働きで、やっと政府から移民の許可が下りたものの、実際の移民生活は苦労の連続だった。そのため、当初は移民した人々から、移民政策を薦めた當山が恨まれることもあったという。
二〇世紀半ばになって、ハワイでの暮らしが落ち着きを見せ始めたころ、今度は日米間で戦争が始まる。沖縄移民もハワイでは敵国人として差別される一方で、故郷の沖縄では地上戦が行われ、およそ一〇万人近くの民間人が犠牲になった。そして生き残った人々も、圧倒的な食料不足の中で苦しんでいた。そんな故郷の惨状を見かねた沖縄系移民たちは、ハワイで募金活動を開始する。沖縄の食文化に欠かせないのは豚だが、戦争で全滅してしまった。そのため、ハワイの人々はアメリカ西海岸で五五〇〇頭の豚を購入、一カ月かけて沖縄に届けるという大プロジェクトを実行した。だから現在の沖縄で食べられている豚は、そのときハワイの募金で送られた豚の子孫ということになる。そのことを、今でも感謝している沖縄の人は多い。

バーニ宮城さんと日本から届いた「一五一会」

「これ、知っていますか?」
豚の話のあと、バーニはウクレレによく似た楽器を持ってきてくれた。これは、「一五一会(いちごいちえ)」という楽器で、『涙《なだ》そうそう』や『島人《しまんちゅ》ぬ宝』などで知られる沖縄出身のバンド、BEGIN(ビギン)が考案してつくったものだ。基本的にはウクレレだけれど、演奏法は三線《さんしん》と同じだという。人差し指一本で演奏

センター建設の際には、沖縄からハワイに瓦を送る運動も起こり、６万枚の赤瓦とシーサーが送られた。その瓦を葺くため、沖縄から６人の瓦職人が訪れた。

できることから、比較的簡単に弾くことができる。

ＢＥＧＩＮはライブなどで、かつてハワイから贈られた五五〇頭の豚の話をして寄付を集めている。そして豚と同じ数の、五五〇本の三線や一五一会《いちごいちえ》といった楽器を、ハワイに贈る運動を行っている。この運動は、今度は自分たちが恩返しをする番だということで、「豚の音返し（おんがえし）」と名付けられている。バーニが見せてくれた一五一会は、そうして贈られたうちの一本だった。この楽器からも、ハワイの移民と沖縄の人々の強い絆を感じることができる。

「沖縄には『ゆいまーる』という言葉があるんです。助け合いのことですけど、ＢＥＧＩＮのみなさんをはじめ、沖縄の人たちと私たちの関係は、本当にこの『ゆいまーる』というひと言で言い表せます。戦後はハワイの沖縄出身者が沖縄を助けることがいろいろありましたけど、このセンターを建てるとき、今度は沖縄がハワイを助けてくれました。寄付だけではなく、たくさんの人もやって来て協力してくれました」

バーニはさらに、こう付け足した。

「この辺りは、少し前まですべてパイナップル畑とサトウキビ畑でした。それは移民一世たちが働いた、私たちにとって特別な場所でもあります。いろいろな偶然でセンターはこの場所にできたのですが、結果的によかったと思います。これも『ゆいまーる』ですね」

ハワイを支えたプランテーション農業と移民。その時代を今に伝えるワイパフの二つの施設を訪ねた。しかし、現在のハワイ農業の主役は、サトウキビでもパイナップルでもない。それは一体何だろうか？

❇日本に届くパパイヤの正体

パイナップル、生花にハチミツ、そしてコーヒー……色とりどりのブースに並べられているのは、どれもメイド・イン・ハワイの産品だ。ダイヤモンドヘッドの一角にある駐車場スペースで、毎週土曜日にKCCファーマーズマーケットという市が開かれている。もともとは地元の人のために開かれたマーケットだけれど、旅行ガイドで紹介されるようになってからは、たくさんの観光客でにぎわうようになった。並んでいる農産物をよく眺めると、こんなものまでハワイで栽培していたのかと驚かされる。特にトマトやアスパラガスなどは、ここ数年で栽培されるようになった品種だという。長い間プランテーションに頼っていたハワイの農業では、多様な種類の作物を育てることはなかった。ところが、そのプランテーションが衰退したために、転換を図らなくてはいけなくなったようだ。こうしたファーマーズマーケットからは、ハワイ農業の今の姿が見て取れる。

主催者のハワイ農業組合が、二〇〇四年からこのマーケットを始めた理由は、農家と消費者が直接つながる場をつくりたかったからだという。キーワードは地産地消だ。出店している農家は毎週およそ七〇軒で、地元で採れたものを販売することが唯一の条件になっている。農家のほとんどは小規模なので、使われるお金はハワイに残り、地域経済に貢献している。こうしたマーケットの広がりは、Ⅲ章で紹介したハワイ大学のラムジー・タームが指摘していた、自給率の低さを改善することにもつながるだろう。

日本人でにぎわうKCCファーマーズマーケット

数あるブースの中で、「NON—GMO」（遺伝子組み換えでない）と書かれたパパイヤが目にとまった。売っているのは、オアフ島のカネオヘでパパイヤ農家を営むチネンファームだ。そういえば、ハワイ産のパパイヤは、およそ八割が遺伝子組み換えになっているという話を聞いたことがある。日本では敬遠されている遺伝子組み換え（以下GM※）が、なぜハワイで広まっているのだろうか。パパイヤを育てて三八年になるという、チネンファームの社長で日系のデイビッド・チネンに話を聞いた。

一九九〇年代のハワイでは、パパイヤに緑の斑点ができるリングスポット・ウィルスという病気が流行していた。そこで政府と大学が共同で研究していた、ウィルスに強い遺伝子を組み込んだGMパ

▲上・チネンファームのパパイヤ

◀左・日系二世のデイビッド・チネンは、父親から受け継いだ農場にある1000本のパパイヤの木を、毎日1本ずつチェックして回っている。GMパパイヤは、2011年12月から日本での販売を開始した。アメリカ系量販店のコストコなどで「遺伝子組み換え」のラベルを付けて販売されていたが、2014年現在は販売を休止している。

パイヤを実用化することにした。「レインボー」と名づけられたGMパパイヤの種は、農家に無償で配られ、九九年から市場に流通することになった。

　レインボーの登場によって、確かにリングスポット・ウィルスの広がりはおさまった。だからGM推進側の人々は、レインボーのことをパパイヤ産業を救ったヒーローとして扱う。そして現在は、そのハワイ産のレインボーが世界中に売り込まれている。ところが、GMパパイヤは、ブラックスポット・ウィルスという別の病気にはかかりやすいため、殺菌剤の使用は増え、農家の出費は多くなった。またせっかく作ったパパイヤも、GMを受け入れない日本などの市場に売ることができなかったために値段が下がった。結局GMパパイヤの登場から三年で、二〇〇ほどあったハワイのパパイヤ農家は、およそ半分の一一〇にまで減ってしまうことになる。特に小規模農家へのダメージは大きかった。

「ランド・オブ・オーガニカ」というグループは、ハワイ産の果物を栽培して、オーガニックアイスとシャーベット、ジュースとして販売している。社長を務める写真右の女性は遺伝子組み換えについて「多くの農家が賛成しているのは、それによって仕事が増えたり、儲かると思っているから。でもGMはとても危険で大きな問題なの」と語った。

愛情を込めてパパイヤを育ててきたデイビッドは、GMパパイヤをめぐる政府の強引な進め方を批判する。

「ぼくが作っているのは、伝統的なカポホソロという種類だ。GMパパイヤは小ぶりのレインボーという種類がほとんどだ。あれは柔らかすぎておいしくないから、ぼくは嫌いなんだ。それだけじゃない。ぼくのお客さんで、レインボーを食べた人がいたけど、体にジンマシンが出た。食べ物のDNAを変えてしまうことで、何かがおかしくなるんだよ。GMは長い時間をかけて安全性の実験をしてきたわけではないから、まだわかっていないことが多い。政府はGM作りを支援して、生産者を助け、消費者も安く手に入れられるなんて、いいことばかり言っているけど、みんなが食べて病気になったらどう責任を取るっていうんだろう？　ぼくはそんなものは怖いし、作りたくないね」

けれども、どんなにデイビッドが質の良いパパイヤを作ろうと思っても、GMパパイヤの花粉が風で飛んで来るのは避けられない。実際にこれまでたくさんのパパイヤ農家が風で受粉して、GMに汚染されている。だからデイビッドにとって、GMは脅威だ。しかもハワイを含むアメリカ合衆国では、その食品がGMかどうかの表示は義務付けられていない。だから知らないうちに毎日ＧＭ食品を口にしてしまうことになる。デイビッドが包み紙に手書きした「NON―GMO」の文字は、小さな農家の精一杯の抵抗なのだ。

デイビッドから話を聞いた数日後、日本がハワイ産ＧＭパパイヤの輸入を解禁するというニュースが伝えられた。日本で生食用のＧＭ食品が流通するのは、これが初めてになる。日本に長年売り込みをかけてきたハワイのパパイヤ産業は、ＧＭパパイヤを日本に輸出する理由は、「日本の消費者がハワイ産の美味しいパパイヤを選択する機会をつくるため」と説明している。彼らは、「アメリカ人がみんな食べているから、安全性は実証済みだし、食わず嫌いになっている日本人にも、ＧＭのおいしさを伝えたい」と言う。しかし、このパパイヤが日本で受け入れられれば、ほかにも続々とＧＭ食品が輸入されることになるだろう。これまで遺伝子組み換えについて、なんとなく嫌だなという程度の認識しか持っていなかったぼくは、日本にも直接に結びついてくるこの問題を探ってみることにした。

※　遺伝子組み替え作物は、英語の略称でＧＭＯ（Genetically Modified Organism）もしくはＧＭと呼ばれる。研究者はＧＥ（Genetically Engineered）と呼ぶ場合もある。

❇世界最大の実験場

オアフ島の中心部、ワイパフからノースショアへと向かう車道を走る。この沿道には、数年前

オアフ島中心部に広がるGMトウモロコシ畑

までドール社のパイナップル畑が見渡す限りに広がっていた。この土地をドールから買収したのは、世界の遺伝子組み換え食品の九〇%以上を開発する巨大企業のモンサント社だ。すでに一部にはGMトウモロコシ畑が見えるとはいえ、最近モンサントが入手した農地では、まだ整地しているところが多い。数年後には、この地域すべてがGMトウモロコシで埋め尽くされるはずだ。一見すると普通の農場と変わらないけれど、ハワイ各地のプランテーション跡地は今、次々とGM農場として生まれ変わっている。

豊かな自然で知られるハワイで、GM作物が大量に栽培されていると聞けば、意外に感じる人もいるかもしれない。それもそのはずで、ハワイに住む人々も、その実態はほとんど知らない。しかしハワイが、遺伝子組み換えの世界最大の実験場となっているのは、まぎれもない事実だ。一九九〇年以降の二〇年間で、オアフ島、カウアイ島、モロカイ島などを中心に、少なくとも二千回以上の実験が行われているが、企業秘密のためにどこでどんな実験がされているか、そしてどんな結果が出たのか、裁判になった事例を除けば、ほとんど公表されていない。

これまで屋外実験の対象になった植物は、ほとんどの穀物、野菜や果物が含まれていて、わかっているだけでもトウモロコシ、大豆、綿花、ジャガイモ、米、サトウキビ、パイナップル、ラン、小麦、コーヒーなどが挙げられる。それらはいずれも、近い将来商品として世界中に流通することになるだろう。

二〇一〇年現在、ハワイで商品化されているGM作物は、生食用のパパイヤと、種子用のトウモロコシだ。GM種子は、家畜の飼料や加工食品の食材として世界中に輸出され、今やハワイ農業の稼ぎ頭になっている。ハワイの種子産業の収益は、一九九〇年まではおよそ二千万ドルだったのに、二〇〇九年には一億五千万ドルに伸びている。また、二〇〇八年から〇九年の一年間だけで四二%もの増収があった。利益のほとんどはGMが生んでいる。GM種子の収入は、すでに州全体の農業収入の四分の一を占めていて、今後もその割合を増やしていくだろう。

テーマパークとなっているドール・パイナップル・プランテーション。サトウキビと同時に、ハワイのプランテーションのもう一つの代名詞であるパイナップル産業も衰退した。かつてパイナップル農園の島として知られたラナイ島も、1992年を最後に生産を中止している。現在はここで地元向けパイナップルが生産されている。

ハワイ州政府はGMを、プランテーション後の農業の主力製品と位置づけている。そのため九〇年代初頭から、モンサントをはじめとするGM関連企業の税金を優遇するなど、熱心に誘致してきた。また、ハワイ大学もGM技術の将来性を認めて研究に力を入れている。全米でも予算の少ないハワイ大学にとって、政府や企業からの資金が期待できる有望な分野になるからだ。政府と大学が共同開発したレインボーパパイヤは、その先駆けといったところだろう。

企業の側にとっても、ハワイでのGM開発には多くのメリットがある。政府や大学がバックアップしていることに加えて、プランテーションに使われていた余った農地が安く手に入ること、一年中温暖な気候のため、トウモロコシなら年に三回収穫できること、そしてどの大陸からも遠く離れているので、たとえ実験に失敗してもほかの国に遺伝子汚染が広がる恐れが少ないことなどがあげられる。

GMの研究を進める政府や企業は、GMには様々なメリットがあると説明する。農家の仕事が楽になり、安く大量に作れるなど、いいことづくめだ。モンサントはさらに、GMが世界の飢餓を救うとか、温暖化対策にもなると宣伝している(※)。つまり人類にとっての切り札だと言うわけだ。GMをめぐるこうした話は、かつて原子力が「夢のエネルギー」ともてはやされていた時代を思い起こさせる。しかし、実際のところはどうなのだろうか?

※ 世界の飢餓について、モンサントのCEO(最高経営責任者)ヒュー・グラントは「遺伝子組み換えなしでは、世界の人々は餓死する」と発言する。しかし、アメリカの科学者団体「憂慮する科学者連盟」は食糧不足の緩和に役立つとされ、この一〇年以上の間に米国で作付面積を増やした遺伝子組み換えのトウモロコシと大豆は、実際には穀物の増産にほとんど寄与しなかったとする

調査報告書を発表した。報告書では「この技術が今後の世界の食糧供給において大きな役割を果たすことはほとんどないと考えられる」としている。（二〇〇九年四月一五日ＡＦＰ）

❈「世界を救う企業」が作っているもの

そもそもＧＭとは何だろうか。簡潔にいえば、一つの生物から取り出した遺伝子をほかの生命体に組み込んで、これまで自然界にはなかった生命を作り出すことだ。例えばクモの遺伝子の入ったジャガイモや、ヒラメの遺伝子が入ったトマトなどが実際に開発されている。殺虫剤の成分が含まれている作物もある。そうして作られた作物は、見た目は変わらなくても、実際には従来の作物とはまったく別の生命体に変わっている。これらＧＭ作物には、人体や環境への安全の問題など、数々の問題が指摘されている。

ＧＭを積極的に推進するモンサントやアメリカ政府の方針に、真っ向から立ち向かっている法律家集団を訪ねた。二〇〇三年からこの問題に関わっている環境ＮＧＯの「アースジャスティス」だ。彼らが初めてＧＭを扱った裁判は、ＧＭの屋外実験が環境を汚染しているというものだったが、アメリカ政府を訴えて勝利している。その後もアースジャスティスは、ＧＭの実験が環境法に違反しているという判決を何度も勝ち取ってきた。ＧＭ開発については、今もその多くが秘密につつまれているけれども、アースジャスティスの裁判を通じて、明らかにされてきた事実は少なくない。

ポール・アチトフは、ＧＭ作物の普及が生物多様性を奪うことにもつながっていると語る。ＧＭが市場を独占する中で、これまで栽培されていた様々な種類の作物が消えていっているからだ。

「推進派の主張はウソばかりだ」と、アースジャスティスの代表を務める弁護士のポール・アチトフが語る。

「まず、ＧＭ作物は消費者にとって何のメリットもない。健康になれるわけでもないし、値段が安いわけでもない。そして推進派が言う栄養価が高いというのはウソ。たくさん収穫できるというのも、農家を助けるというのもウソだ。第三世界の飢餓を救うとも言っているけれど、そんな研究などしていない。モンサントは、飢餓や温暖化を利用して金儲けをしたいだけだよ」

ポールは、これまでモンサントが何を作ってきたのかを見れば、それがよくわかると言う。例えばベトナム戦争で撒かれて今も被害者を生んでいる枯葉剤、深刻な環境汚染を引き起こして世界的に使用禁止になったＰＣＢ（ポリ塩化ビフェニル）、発ガン性のある牛成長ホルモン、そして世界で一番売れている除草剤のラウンドアップ（※1）……。確かに、「世界の人々を救おうとしている会社」が作る商品とは言えない。

「第三世界のために作ったものなんて一つもないだろう？　モンサントはラウンドアップを売って儲けたいから、ラウンドアップをかけても死なないＧＭ作物を作っただけなんだ」

ＧＭが商品化される以前、モンサントは「効果的な農薬」であるラウンドアップを売ることで成長してきた。手間がかからずどんな雑草でも枯らすこの薬は、瞬く間に世界中の農家に広がったものの、使えば使うほど雑草だけでなく、育てたい作物まで枯らしてしまうというジレンマも抱えていた。そのためモンサントは、さらにラウンドアップの売り上げを伸ばすための秘策を考える。それが、ラウンドアップをかけても枯れない遺伝子操作が施された「ラウンドアップ耐性作物」だ。今ではあらゆる作物にこの遺伝子が組み込まれている（※2）。

これを使えば、作物が成長してからも、その上からどんどんラウンドアップを撒くことができる。確かに作業は楽になるから、「私たちは農家を助けている」とモンサントは言う。けれどいったんそのシステムを導入した農家は、モンサントからＧＭの種子とラウンドアップをずっと購入し続けなければならない。このセット販売によって利益を得るのは、結局はモンサントだけだ。

さらにポールは話を続ける。

「モンサントは、農家に対して安く簡単に作れるという甘い言葉をかけてきた。でも彼らはその先のことは言わない。ラウンドアップを使い続けると、数年後にはそれが効かない強い雑草が生えてくる。だから彼らは今、もっと強い毒薬を研究している。そうやってエスカレートしていくんだ。農家が強い農薬を今まで以上に使うようになるデメリットは、人の健康面はもちろん、土壌や生物などに与えるダメージを考えても計りしれない」

ほかにも大きな問題がある。モンサントなどの企業は、ＧＭ作物の種子に特許をかけて、風などで飛散したGM種子がほかの農家の作物に付着した場合、特許料を払えと脅してきた。モンサントがこれまで訴えたアメリカとカナダの農家は千軒以上。そのため、本来なら遺伝子汚染の被害者であるはずの農家が、高額な賠償金を支払わされてきた（※3）。

ポールは、モンサント最大の狙いは「種子の独占」だと明言する。企業側は遺伝子情報を私物化して、あらゆる食物の種子をコントロールしようとしている。種子会社を次々と買収し、GM種子だけでなく、従来の品種にも特許をかけてきた。そして彼らは、自分たちの特許が及ばない品種を排除にかかっている。それによって世界中の農家が、モンサントなどから種子を買い続けなければ、食料を生産できないシステムができあがりつつある。

「彼らは手始めに、トウモロコシ、大豆、菜種、そして小麦など主要な穀物を手がけている。日本ではGMの米も作ろうとしているよ。個人の農家が反対しても無駄だ。モンサントが買い手に手を回したら、GMでなければ買ってもらえなくなるからね。実際にアメリカのテンサイ（砂糖ダイコン）は、そうしたやり方でほとんどがGM品種になってしまった。モンサントは、持続可能な農業の根底にあるものをすべて破壊しようとしている。これまで数千年にわたって、農家が種をたくわえて食べ物を育ててきた農業の歴史が、変えられようとしているんだ」

このような強引な手法が許されてきた背景には、アメリカ政府とGM産業との癒着がある。GMの安全性をチェックするべき政府機関には、いずれもGM推進派や、モンサントなどの企業の役員経験者が就任している（※4）。農務省は、「GMと通常の食物とは何ら変わらないし、安全面でも影響がない」と結論づけているので、きちんとしたリサーチを行っていない。そのため、二〇〇九年までに企業が行ったＧＭ関係の四万件の許可申請は、ほとんどそのまま認可がおりている（※5）。アメリカでは「ＧＭの安全性は確認済み」とよく言われるが、それは農務省が無責任に押したスタンプによって「確認」されているだけということになる。アレルギー体質の人に反応が出やすいとも言われているＧＭ食品だが、人の健康にどのような影響を及ぼすのか、まだわかっていないことが多い。それは、中立機関による長期の実験が行われていないからでもある。

法律の世界でＧＭ産業と果敢に闘ってきたアースジャスティス。しかし彼らがいくら裁判で勝っても、企業がわずかな罰金を支払うだけで、政府が対策を講じることはほとんどない。だから、

遺伝子に殺虫成分を含むGMトウモロコシの実験場。上のトウモロコシは殺虫剤の成分を含んでいるため虫に食べられていないが、下の写真はすぐ隣にあるのに、殺虫成分を含んでいないため食べられてしまっている。

ポールたちは今後、一般の人々への教育も大切にしていきたいと考えている。事実を知った人々が政府に要求することで、GMを規制するという流れをつくるために。

※1　モンサントは、ラウンドアップは土壌のバクテリアによって分解されるので、環境に優しく安全性の高い農薬であると宣伝している。しかし、ラウンドアップの主要成分「グリホサート」について研究した「デンマーク・グリーンランド地質学研究所（DGGRI）」の報告では、散布されたグリホサートは分解されずに土壌に浸透し、地下水を汚染することが判明した。このグリホサートを含めて、多種類の毒性物質を含んだラウンドアップは、カリフォルニア州では、生産者にもっとも被害を与える農薬ワースト3にあげられている。

※2　「ラウンドアップ耐性作物」は、GM作物全体の中で八五%を占めている（二〇〇七年時点）。

※3　二〇〇八年にカリフォルニア州で法律が改定され、それ以降モンサントが農家を訴えることは簡単には出来なくなった。

※4　企業の役員が規制当局と企業を行ったり来たりして、企業の便宜を図る「回転ドア」と呼ばれる人事は、アメリカでは盛んに行われている。ちなみに、オバマ政権が農務省長官にすえたトム・ヴィルサックは、アイオワ州知事時代に「モンサントの友人」と呼ばれた有名なGM推進派だ。

※5　申請を却下された三・五%の案件は内容の問題ではなく、単なる書類上のエラーにすぎない。また、審査の根拠になっているデータは、モンサントなどの企業側が作成したデータがそのまま使用され、データの信憑性が確かめられることはない。

✻「遺伝子組み換えでない」の本当の意味

ＧＭを広めている側にも話を聞いておきたい。そう考えている矢先、ハワイ大学のＧＭ研究者とのアポイントが取れた。バイオテクノロジーを専門とするアニヤ・ウェチェレックは、教材を作って小中学校の子どもたちへのＧＭ教育を行っている。彼女の授業には、この三年間で二千人の子どもが参加した。ＧＭには賛成でも反対でもなく、研究者として正しい知識を広めるのが自分の仕事と語る彼女に、ぼくの疑問をぶつけてみた。

アニヤは、ハワイの農業を発展させて、もっと自給率を上げていかなければいけないと主張する。そこまでは、多くの人々が共感するだろう。でも彼女が異なるのは、そのツールとしてＧＭが有効と考えていることだ。

「農家にとって、オーガニック（有機栽培）というのも一つのツールだし、ＧＭもそのツールになります。オーガニックにだって、手間がかかるとか大変な面があるでしょう？　研究者である私たちはどれを使ってもらっても構わないの。農家の選択肢が増えることが大事なのだから」

しかし選択肢を増やすと言っても、人類の長い歴史とともに歩んできた農業で、急に実験室で生み出すような増やし方をすることに無理がないだろうか。少なくとも、チネンファームのデイビッドのように、ＧＭを使いたくない農家にとっては、ＧＭが現われたことで自分の農園が汚染される危険が増している。それは選択肢を増やすどころか、減らす可能性があるのではないか。

アニヤが答えた。

「それは種類によるんです。例えばトウモロコシの種はそれほど風で飛ばないから、オーガニックとGMが共存できる（※）。オーガニックをしている人と、モンサントの間でよくもめていますが、その原因はソーシャルパラメーター（社会的な決めごと）の基準がないからです。きちんと相談して、それぞれの社会に合った基準を設けていく。そうすれば問題は起こりません。例えば、アメリカにGM表示の義務がないのは問題だと思います。選択肢を増やすという意味では、表示をして初めて議論できるのだから」

なんだか一般論にすりかえられている気がするけれど、GMの表示義務はぼくも必要だと思う。今度は彼女から質問があった。「日本の『遺伝子組み換えでない』という表示の意味はご存知ですか？」。質問の意図をつかみかねて「そりゃあ、GMが入っていないってことでしょう？」という間の抜けた答え方をすると、驚きの事実を知らされた。

「それはまったく入っていないということを意味していません。日本の法律では、五％までならGMが入っていても『遺伝子組み換えでない』という表示をしてもいいことになっています。なぜなら、今の世界でGMを〇％にするのは、すでに不可能だからです」

そんなことは知らなかった。彼女がこの質問をした意図は、日本ではそういった合意が出来ていて問題は起きていないのだから、アメリカでもルールを作るべきだということなのだろう。でもとんでもない、日本ではそんなことはほとんどの人が知らないし、「遺伝子組み換えでない」の

ＧＭについて教育するテキスト。遺伝子組み換えについて紹介するのは小学校高学年からで、このテキストでは、レインボーパパイヤがハワイのパパイヤ産業を救った物語がマンガで伝えられている。アニヤは「研究者が作ったから客観的だ」と言うが、内容はＧＭ推進側の論理がほぼそのまま掲載されている。

表示があれば、当然入っていないものだと思って食べている。後で調べたら、日本政府がアメリカ政府の意向に配慮して、ＧＭが多少含まれていても問題にしないと合意したことがわかった。そこには国民的合意なんて何もない。これのどこがソーシャルパラメーターなのだろう。ちなみに、ＥＵの基準では〇・九％以上の混入があれば「遺伝子組み換え」の表示がされることになっている。だから、日本で「遺伝子組み換えでない」という表示で流通している食品がヨーロッパに輸入されて、今度は「遺伝子組み換え食品」というラベルで棚に並ぶという、笑えない話が実際に起きている。

　アニヤの話に戻ろう。彼女はまじめな研究者だけれど、その後も彼女との議論はかみ合わなかった。ＧＭ技術の安全性の話をすれば、

「もちろん、リスクがゼロではありません。でも飛行機に乗っても事故のリスクがゼロではないでしょう？　大切なのはリスクよりメリットの方が大きければ、メリットをとるべきだということです」と言う。でもぼくは、生命に手を加えて、自然界のバランスを崩すことのリスクと、飛行機などの物理的な事故のリスクとは、次元の違う話ではないかと思う。モンサントら少数の企業が食べ物や種子に特許をかけて、世界の食を独占してしまう危険性の話題では、「GMを売っている企業はいくつかあるから独占とは言えません。車を売る企業にトヨタやホンダがあるように、消費者がチョイスできていいのでは？」と答える。トヨタやホンダなら自分で選んで買うことができるけれど、今朝食べたシリアルにモンサントのGMコーンが入っていたかどうかなんてわからないじゃないかと思うのだけれど……、どうもはぐらかされている感じがする。

アニヤはGMに関してはいろんな情報が飛び交っているが、モンサントのホームページも、GMに反対するNGOのホームページも、どちらも客観的ではない情報が多いので、「私たちのようなきちんとした研究者のホームページを訪ねてほしい」と言った。彼女は「企業からお金をもらっていないから自分は中立だ」と言うけれど、ハワイ大学がGMを推進したいと考えていることは関係者なら誰でも知っている。大学がGMに賛成するような研究にしか予算を出さないのは当然だ。その意味では、モンサントの立場とあまり変わらない。彼女との話を通して、GMについてのぼくの違和感は、より大きくなった。

※　ＧＭ汚染のリスクは風による飛散だけではない。トウモロコシの場合も、鳥や虫が種を食べて移動することは避けられない。ＧＭについて詳しく知りたい場合は〈www.yasudasetsuko.com〉へ。

※闘うフリーペーパー

ハワイの大手メディアでは、ＧＭの問題点が取り上げられることはない。広告主への配慮から、巨大な問題ほど取り上げられない傾向は、どこの国のマスコミにも通じるけれど、特にＧＭについては批判するとモンサントから訴えられる可能性もあるので、よけいに臆病になっている。それが、ハワイの人々がＧＭについてほとんど知らない原因にもなってきた。そのため、食品にＧＭの表示をしようという運動も起きていない。知らない間に家庭の食卓は、ＧＭばかりになってしまったというわけだ。事態は、モンサントの思惑通りに進んでいるかのように見える。

そんな中、ハワイでただ一つＧＭを批判的に取り上げているメディアがある。独立系のフリーペーパー「ホノルル・ウィークリー」だ。ハワイでは、日本と同じように有料の新聞が購読者を減らしている。しかしこのホノルル・ウィークリーは「サスティナビリティ（持続可能性）」をテーマに毎回独自の情報を紹介していることが評価されていて、若者からの支持も高い。

紙面では、二〇〇九年の四月に「疑惑の種」と題するＧＭ批判の特集を組んで以降、定期的にこの問題を取り上げている。創業者のラウリー・カールソンは、二〇年近くにわたってこのローカルメディアをやりくりしてきたエネルギッシュな女性だ。若いころに生協のお店を運営していたので、食べ物のことが専門だという彼女に、GMをめぐるメディアの状況を聞いてみた。

「私たちは開発や環境問題、軍事化のことなど、メジャーな新聞が掲載しない社会問題をたくさん取り上げています。ハワイの小さな新聞社は、ほとんどハワイ最大の新聞社である『ホノルル・アドバタイザー』に買収されてしまっているから、モンサントやGMのことを批判しているのはうちだけです。大企業のスポンサーをつけていないからそうした報道ができるのだけど、これまで新聞でモンサント批判を書いた記者は訴えられているので、最初この問題を取り上げるときは社内でも議論になりましたね。でも不思議なことにまだ訴えられていません。ホノルル・ウィークリーを訴えると、かえってその問題が注目を集めてしまうからかもしれないわね」

ラウリーは、そう言って微笑んだ。ホノルル・ウィークリーでは、政治家やハワイ農業組合、企業との癒着についても取り上げている。

「モンサントはカウアイ島で、どれだけ農薬をかけても死なない作物や、逆にどんな雑草も殺してしまう除草剤の開発を行っています。そのため、残留農薬や殺虫剤による汚染も深刻です。実

創業者ラウリー・カールソン。持続可能性をテーマにしている「ホノルル・ウィークリー」は、年に４回グリーンマーケットを主催している。また記事は高い評価を受け、これまで数々のジャーナリズム賞を受賞している。

際に、農場の付近にある鳥の生息地や、小学校での汚染が確認されています。こうした危険な実験は、本来なら工場の中で行われるべきもの。そこで、こうした実験に規制をかけるために環境NGOのアースジャスティスなどが法律を作るように働きかけてきました。でも州政府や大学、そして農業組合は、一貫して企業側に立って反対してきたのです」

二〇〇九年の二月に審議されたGM実験規制のための法案も、反対多数で廃案になっている。

各地の農村で配布されている「キープ・ザ・カントリー・カントリー」のキャンペーンカード。

ハワイ大学の副学長は、「ハワイのビジネスを規制すべきだという意見は、投資家にとって歓迎できない」というコメントを残した。また、KCCファーマーズマーケットを主催するハワイ農業組合も、GMを歓迎している。彼らの掲げるキャッチフレーズは「キープ・ザ・カントリー・カントリー（田舎を田舎のままに）」というもので、開発に関する警戒心は強いものの、農業をやる分には、大企業だろうとGMだろうと構わないという立場だ。ラウリーは、農業地区が実際には工場として使われていることに、彼らが気づいていないと指摘する。

「だから、KCCなどの農業組合が主催するファーマーズマーケットは、あまりお勧めできません。しかも彼らはモンサントからお金をもらっているから、GMに反対できないんです。ホ

写真は「ホノルル・アドバタイザー」の最終号。ホノルルの２大新聞であった「ホノルル・アドバタイザー」（13万部）と「ホノルル・スターブリテン」（５万５千部）は、どちらも広告収入の減少に苦しみ、2010年にスターブリテンが買収する形で合併した。そのため、2010年６月７日から「ホノルル・スター・アドバタイザー」が発行されている。ハワイでは、情報の多様性がよりいっそう望めなくなってきている。

ノルル・ウィークリーでは、オーガニックを扱っているファーマーズマーケットの情報を掲載しています。また最近、農業組合に対抗してＧＭに反対するファーマーズユニオンという別の組合ができました。今やっと人々が集まり始めたという感じだけど、日本人観光客の方も、ＫＣＣばかりではなくそういったマーケットにも行ってほしいですね」

　ホノルル・ウィークリーは二〇一一年に創刊二〇周年を迎える。ライバルを次々と買収したハワイ最大の新聞社、ホノルル・アドバタイザーの発行部数は一三万部。対して専属の記者がたった三名というホノルル・ウィークリーは、三万七千部と健闘している。政府と大学、マスメディアと農業組合、あらゆる機関がＧＭをサポートする中で、事実を伝え続けるこの小さなフリーペーパーの存在感はあなどれないものがある。

　ＧＭをめぐる議論を聞いていて、やはり原発の話とよく似ていると感じた。ここ数年の「温暖化から地球を救え」というブームに便乗して、「環境にやさしい原発」や「飢餓を救う遺伝子組み換え」という売り込みは成功しているように見える。しかし温暖化が人間の活動のせいで起きているとすれば、科学技術の乱用とそれによる環境破壊が原因であることは間違いない。それなのに、さらなる技術の開発で解決しようとするのは、傲慢ではないだろうか。原発事故の例を持ち出すまでもなく、歴史的にこうした新たな科学技術に依存することは、別の深刻な問題を生み出すことにつながってきた。問題は、放射能にしても遺伝子組み換えにしても、目には見えず、被害が明らかになるまでに時間がかかるため、多くの人が実感を持ちにくいことだ。しかし、被害の実態が明らかになるころには、すでに手遅れになってしまう。

あるいは推進派の人々にとっては、解決などしなくても問題はないのかもしれない。少なくとも、彼らに巨額な利益が入ってきているからだ。でも、地球と人類にとってそんなことが持続可能なのだろうか。このままモンサントやその周辺の人々の好きにさせておいていいのか。ハワイで進んでいる事態は、まさにそのことを今を生きるすべての人に問いかけているように思う。

❇世界で一つだけのコーヒー

歴史上、ハワイ農業の主役は大企業が大量生産した商品作物だった。遺伝子組み換えもその流れを継いでいる。しかし一方で、家族経営の農家が細々と続けてきた農業もある。

それがキリマンジャロやブルーマウンテンと並んで、世界三大コーヒーの一つと呼ばれているコナ・コーヒーだ。コーヒー豆は、世界貿易の中で石油の次に取引量が多い。しかしコナ・コーヒーの生産量は千トン前後。世界のコーヒー生産量からすると、〇・一％にも満たない。量が少ないのは、小さな作付面積と手作業での栽培が理由だけれど、その希少性が逆に人気の秘訣になっている。このハワイでも一〇〇%のコナ・コーヒーを飲むことは、なかなかできないほどだ。

コナ・コーヒーが栽培されているのは、ハワイ島西海岸に広がるコナ・コーストだ。カメハメハ大王が晩年を過ごしたカイルア・コナの街を中心とするこの一帯には、ハワイ最古の教会やいくつものヘイアウ（神殿）、溶岩に刻まれたペトログリフ（岩絵）など多数の史跡が残っている。

コナのコーヒー農園はコナ・コーストとフアラライ山の斜面に囲まれた、コーヒー街道と呼ばれる南北に約三〇キロの帯状の地域にある。農園の数はおよそ七五〇で、一部を除けば、ほとんどが家族経営の小さな農家が経営している（※）。

コーヒーは、一八二八年にヨーロッパの宣教師によって、ハワイに持ち込まれた。ところが相場が不安定だったため、二〇世紀に入るころには、ほとんどのハワイの農家はコーヒーから手を引いた。例外だったのがコナでの栽培だ。

「なぜコナだけでコーヒー栽培が生き残ったのか、理由を教えてあげよう。世界的に見ても、ここが一番コーヒー栽培に理想的な環境だからだよ」

そう教えてくれたのは、コーヒー農園の経営者ハンス・エッカート（六六歳）だ。彼は、コナがコーヒーを作る地域として、標高も気候も最適だと言う。豊かな日差しと適度な雨量、昼夜の寒暖の差、そして水はけの良い土壌は、溶岩のおかげでミネラルも豊富だ。

そのコーヒー農園の中でも、ハンスが経営するライマン・コナ・コーヒー農園は、特に徹底し

自慢の農園を案内してくれたハンス・エッカート。彼に、遺伝子組み換えについて尋ねると、吐き捨てるように言った。「ＧＭは悪魔だ！　おれはモンサントの名前だって聞きたくない！」。実はコーヒーやタロイモについてもＧＭの研究や栽培が進められていたという経緯があるが、コーヒーについてはコナ・コーヒーの生産者、タロイモについてはハワイアンを中心とした大規模な反対運動が起こった。そのためハワイ島では、2008年末にコーヒーとタロイモのＧＭ研究を禁止する法律が定められている。

たオーガニック（有機栽培）にこだわっている。農場を訪ねた当初、「俺は忙しいんだ」とつぶやきながらせわしなく動き回っていたハンスだが、インタビューを始めると、とにかくよくしゃべった。

ドイツ人のハンスは、ハワイ島に暮らす女性と結婚してここに移ってきた。彼はドイツ空軍のパイロットや国際政治学者など、様々な専門職を経験してきた風変わりな男だ。そんなハンスにとって長年の夢だったのが、南の島で有機農業をやることだった。彼は二〇年間あたためていたアイデアを実現するため、二〇〇四年に山の斜面のジャングルのような土地を切り開

ハンスが「世界一」だと誇るコーヒー豆。ホームページからも購入可能だ。

き、八エーカー（約九八〇〇坪）のこの土地で、コーヒー農園を始めた。
彼がめざしたのは、一〇〇％オーガニックのコーヒーだ。コナにある七五〇のコーヒー農園のうち、オーガニックでやっているのは四〇カ所だけ。完璧主義者のハンスは、そのすべての農家に聞き取りしてデータを集めたという。そして彼は、独自の灌漑《かんがい》システムを考案して作り、その設備を荒らす野豚と闘うために柵もつくった。さらには小規模の農家が大きな工場に持って行って済ませている焙煎《ばいせん》作業まで、全部自分でやっている。

「俺はロビンソンクルーソーのように、全部自分でやらないと気がすまないんだ。いろんな仕事をしてきたけれど、コーヒー栽培はこれまでとはまったく違って、作り出すやりがいがある。忙しいけどやめられないよ」

子どものようにコーヒー作りに夢中になるハンスを支えているのは、奥さんだ。コナ・コーヒーブランドが有名になり、売り上げが伸びていることは確かだけれど、ハワイはあらゆるコストが高くつくため、ほとんどの農家は副業をもっている。特にハンスの場合、採算を度外視した「世界一のオーガニックコーヒー作り」にこだわっているから、生活費の半分は奥さんが外で仕事をして稼いでいる。

オーガニックへの努力は、隣にある別のコーヒー農園（左）と比べればわかる。隣の農園は除草剤を使っているので、コーヒーの木の周囲は草が生えていない。ハンスの農園（右）は草だらけだ。

ハンスの農園には、コーヒーの木が三二〇〇本と、六〇種類のトロピカルフルーツが茂っている。コーヒーの木に花が咲いて、実が赤く熟すと、新鮮なうちに剪定《せんてい》作業をしなければならない。ここでは、四人で二日間かけて一粒一粒の成熟具合を見ながら手作業で摘み取っている。この作業を一年で一〇回ほど繰り返す。ちなみに一杯のコーヒーに必要な豆は、およそ七〇から八〇粒。摘み取りの大変さを考えると、コーヒー一杯でも粗末にはできないなと感じる。ほかの行程でも、オーガニックにこだわることでの苦労は多い。それでも彼は満足げにこう言う。「俺はみんなに世界一のコーヒーを提供したいんだよ」と。

世界を支配しようとするモンサントのＧＭ作物とはまるで正反対の、丁寧な手作業ですすめる小規模農業。特にハンスがこだわり続けるオーガニックコーヒーの割合など、世界の巨大な市場全体で見れば何の数字にも出てこない。それでも、安さだけを求めて大量生産を続けたプランテーション農業が、グローバル化の波に押されて消えていく一方で、こうした家族経営の農園が生き残っている様子は、コーヒーの香りのように味わい深くもある。

※　二〇世紀前半、コナのコーヒー農園を経営していた家族のおよそ八割は、サトウキビ農園の契約を終えてやってきた日系人だった。今では日系人はほとんどがやめてしまったけれど、家族経営でささやかに栽培されている伝統は、そのころから続いている。

❇大事なことはみんな大地が教えてくれる

今回の旅で最後に訪れたのは、旅の過程で何度も通うことになったオアフ島のワイアナエだった。先住ハワイアン、基地問題と観光、そして遺伝子組み換え……。今のハワイ社会を象徴するテーマをたどってきたこの旅の締めくくりにふさわしい場所が、ここにあるからだ。

ワイアナエ北部のマカハ地区。ここにあるマカハ小学校には、およそ六〇〇人の子どもが通っている。ほとんどの生徒はハワイアンで、その半数は生活保護世帯だ。海岸沿いのテントで暮らす家庭の子どもも少なくない。

その子たちにとっての一番の楽しみになっているのが、小学校の隣にある「マカハ農園」で過ごす時間だ。農園に着くと、さっそくヤギの鳴き声や金づちの音に混じって、子どものはしゃぎ声が聞こえてきた。ウサギにエサをあげる子や、育てたナスをお母さんに自慢している子もいる。

三〇年ほど前から、地域の人々の手で徐々に広げられた農園には、タロイモやハーブ、豆、ちん

自然に囲まれたマカハ農園。右が著者。

げん菜など色々な作物が育てられている。子どもたちは、自分で育てた野菜を収穫して、家に持ち帰る。

「ジジ！　おっきなニンジンが取れたの！」

子どもたちが報告しに行く先は、真っ白なヒゲをたくわえた農園の創設者、ジジ・コキーオだ。

「今日は学校でジジの故郷のイタリアのことを習ったんだよ！」

「おお、それはすごいね！」

「ねえ、ジジ、こんどマカハ農園にローマのコロッセオ（円形闘技場）をつくってもいい？」

「もちろんいいよ。でも本物より小さくつくってもらいたいね。フッフッフッ」

いつも冗談を言いながら、人なつっこい笑顔で迎えてくれる。そんなジジに見守られた子どもたちは、ここで自然と触れ合って、ハ

子どもたちが作ったアフプアアの模型。ワイアナエ周辺の地形がよくわかる。

ワイアンの伝統的な生活や知恵を学んでいる。また、ハワイ語やフラ、自然エネルギーについてなど、人間と自然や社会とのつながりについても理解を深めていく。

農園のあちこちには、子どもたちが作ったアフプアアや、ポリネシアの島々の位置を示す大きな模型が展示してある。こうした模型を見ながら、自分たちの祖先がどこから来て、どんな世界に住んでいるのかを体感することができる。今度はそこにコロッセオが加わるということらしい。子どもたちにいろんなことを教えていますねと言うと、ジジはこう答える。

「ぼくは何にも教えていないよ。大事なことはみんな大地が教えてくれるんだ」

ジジは、大切なことはここで何を栽培して何を教えるかということではなく、農園に関わる人たちが、自然やほかの人とどんな関係を築くかを学ぶことなのだと言う。その根本にあるのは、大地と触れ合うことで、人と人とのつながりを取り戻すことができるという信念だ。ジジは言う。

「マカハ農園は、西洋の価値観でいう『農園』じゃない。売るための商品を作っていないからね。ぼくが農家だと言うと、よく『何を育てているのか』って聞かれるんだ。そんなときは、ぼくは人を育てているんだと言うようにしているよ。ここでは、フルーツや野菜を植えて育てる。そして収穫したものをどう分け合って食べるかを学んでいく。大地がぼくたちに食べ物を与えてくれるだろう？　だからぼくたちは、大地を大切にすることを学ばなくちゃいけない。かつてハワイアンがそうしていたようにね。それは、人と人とがお互いを大切にすることにもつながっていくんだ。人は時として、自分自身の中でだってつながりがとぎれてしまうこともあるから、つながりを見つける場所があることは大切なんだよ」

ハワイでは、人と人、人と自然がバラバラに断ち切られたことで、様々な問題が起きてきた。貧困、失業者の増加、住宅問題、家庭内暴力、アルコールやドラッグ……このワイアナエは、そうしたハワイの社会問題が集約されている場所でもある。マカハ農園では、ただ有機野菜をつくっているだけではなく、そうしたつながりや関係性を取り戻す試みが行われている。ジジは、子どもたちも彼らなりに理解しているのだと言う。

「子どもたちに、この農園はどうして大切なの？　と聞くと、それぞれ違った答え方をするんだ。平和を感じるとか、いろんなことを学べると

ポンティアックガーデン。魚を育てながらそこから出る有機物でクレソンやトマト、レタスなどの野菜を育てている。ポンプのエネルギーはソーラーで動かし、浄化された水が循環するシステムになっているので、外からは何も持ち込む必要がない。

再建されたハレとジジ。ハレの屋根は子どもたちのメッセージであふれている。

か、動物が好きとかいろいろだ。言葉で表せなくても、動物を抱きしめたり、行動で気持ちを表す子もいる」

子どもたちの大好きなマカハ農園で、二〇〇九年に悲しい事件が起こった。農園の一角に、ジジと子どもたちが建てたハレ（伝統的な家）が何者かに燃やされてしまった。ハレの焼け跡を見ながら立ち尽くすジジを慰めてくれたのは、子どもたちだった。ジジの隣に座った子どもたちは、口々に「もう一回建てようね」「建てるときはぼくたちが手伝うからね」と優しく言った。翌日、一人の男の子が、手のひらにのせた種をジジに差し出してこう言った。「これは、ジジを助けるための種だよ。もっと買いたかったけど、これしか買えなかったんだ」。彼の全財産、五〇セントで買った種が、できる限りのサポートだった。

「感動したよ。たくさんの子どもに手伝ってもらって、ハレは再建されたんだ。子どもたちは、ここの土地や農園にあるものを大切にすることで、いろいろなものを得ている。教育というと、多くの場合は2＋2＝4とか、そういう情報ばかりを与えているよね。でも本当の教育は、何を教えるかではなくて、子どもたちと一緒にどんな経験をするかなんだ。子どもと一緒に種をまくときは、種に『おやすみなさい』と言ってからまく。そのことを、子どもたちは大人になっても覚えているんだよ。細かい知識は覚えていなくても、自然との向き合い方は忘れない。それは本では学べない大事なことなんだ。その植物を育てるために種をどうまけばいいとか、そういったことはインターネットにいくらでも書いてあるだろう？　でも、本当に大事なことは、書いていないことなんだよ」

「大事なことはみんな大地が教えてくれる」——ジジのその言葉を知らなくても、子どもたちは心でそれを受け止めているのかもしれない。

✻ぼくは種をまきつづける

マカハ農園で学んでいるのは子どもばかりではない。ここを地元の人々が利用するようになった当初は、Ⅰ章で紹介したカアラの谷と同じように、ドラッグ中毒や罪を犯したハワイアンの青少年たちのリハビリセンターとしての役割が中心だった。彼らのうちの何人かは、今ではマカハ農園の運営スタッフになっている。

「ここで育った子どもや若者の中には、ハワイ文化の専門家になった人もいるし、自分の農園を始めて成功した人もたくさんいる。今ではとても大きなオーガニック農園になっている『マオファーム』の若者たちも、初めはここに来て学んだんだ。うれしいことに、みんな『ここが自分にインスピレーションをくれた場所だ』って言ってくれるよ」

マオファームの若者たち（ＫＣＣファーマーズマーケットにて）

貧困と不安がとりまくこのワイアナエで、三〇年も前にオーガニック農園を始めたマカハ農園には、持続可能なモデルを求めて、いろいろな人たちが訪ねて来る。中でも、ここから育っていったマオファームの活動は、ハワイでも注目の的だ。

マオファームは、ワイアナエの若者たちが貧困対策やコミュニティの絆を取り戻すために立ち上げたオーガニック農園で、今ではハワイの誰もが知っている。ファーマーズマーケットをはじめ、ハワイではマオファームの野菜を見かけない日はないほどだ。彼らは野菜を作るだけではなく、見学者を案内したり、ハワイアンの伝統農業の普及、コミュニティリーダーを育てるトレーニング、そして地元の高校生たちとの共同プロジェクトなど幅広い活動を行って、地元から高い評価を受けている。ハワイはアメリカ全体でも裕福な地域に入り、平均寿命も全米で最も長い。それなのに、先住ハワイアンの寿命は全米で最も短い。理由の一つには貧困を原因とした生活習慣病など、食に起因する病気が多いことがあげられている。そこでマオファームやマカハ農園では、人々の食生活の改善を通じて健康を取り戻そうとしている。

マオファームをはじめ、毎日やってくる来訪者を暖かく迎えるジジの元で成長していったワイアナエの若者たちは多い。しかしジジがマカハに定着して農園を始めるまでの道のりは、困難の連続だった。

北イタリアに生まれたジジは、二五歳のとき人々のために働きたいと願い、カトリックの神父になった。一九七〇年代に赴任したフィリピンでは、首都のマニラにあるスラムで五年間暮らし、貧しい人々を支えた。ところが、独裁者マルコスが率いる政府は貧しい人々からさらに土地を奪い、反対する人々を弾圧した。そうした政府の方針に反対したジジの仲間や地域のリーダーたちは拷問されたり、殺されたりしていった。そしてジジも、Tシャツとサンダル姿で強制退去させられてしまう。

家族のように仲良くしていたフィリピンの友人たちと切り離されて、落ち込んでいたジジをハワイに誘ったのは、今もマカハ農園で共に働いている教会の同僚だった。一九七八年にハワイにやってきたジジは、ハンセン病の患者や、開発の犠牲になる人々の救援に取り組んだ。そして、貧困にあえぐハワイアンが暮らす、このワイアナエにやってきた。ジジは、この近くにあるカアラの谷でタロ畑を開墾しはじめたばかりのエリック・エノスたちと協力して、マカハ農園の開拓を始めた。農業などやったことはなかったけれど、手作りの家を建てたり、ハワイ固有の植物を植えて菜園を広げていった。彼を突き動かしたのは、ここの人々のために何かをしなければという思いだった。

あるとき、その様子を見た隣のマカハ小学校の先生が興味を持ち、子どもたちに手伝わせてく

ジジは、現在の「オーガニック」の流行について疑問に思っている。「オーガニックというのは何だろう？　ぼくは、単に化学肥料や殺虫剤を使わないということではないと思う。オーガニックの本来の意味には、すべての生態系を大切にするということを含むんだ。大切なのはみんなで分かち合えるということ。でも今店で売られているオーガニックは、ワイアナエの人々は買うことができない。品質は良くても、値段が高くてお金持ちしか買えないというのは、本当のオーガニックではないと思う」

れないかと頼んできた。それがきっかけとなって、一九八七年からマカハ農園での体験授業が「ナ・ケイキ・オ・カ・アイナ（大地の子どもたち）」という小学校の正式なカリキュラムになった。その評判を聞いたオアフ島各地の小学校も体験学習に訪れるようになっていった。今では多いときは二〇以上の学校がキャンセル待ちのリストに乗るほどの人気ぶりだという。ジジは大忙しだけれど、子どもたちは、ジジおじさんに会って、ここの土や動物たちと触れ合うことを心待ちにしている。

　ジジたちの努力が実を結んでいる面があるとはいえ、ワイアナエで生きるハワイアンの生活が厳しいことに変わりはない。彼らの状況をそばで見てきたジジは言う。

「彼らはいろんな難しい問題に直面しているけれど、この状況をつくったのは社会であって、ハワイアンが悪いわけじゃない。そして大事なことは、ハワイの土地は、ハワイアンのものだということだ。ハワイアンの先祖は、将来の世代のためにこの土地のケアを千年も続けてきたのだから。ぼくはハワイアンではないし、ここにいる人たちに何をすべきだと言う立場ではない。ぼくは、ぼくのできることをするだけだよ。ぼくが見つけた一つの解決方法は、断ち切られてしまったいろいろな関係を取り戻すこと。そして子どもたちに安全な場所をつくってあげること。もちろん今ある問題を解決するのは簡単じゃない。それは植物の種が成長するように、時間がかかるんだ。ぼくは、種をまきつづけていくよ」

ジジは少し照れくさそうにそう言って、くしゃくしゃの人なつっこい笑顔をしてみせた。常夏の島に降り立ったサンタクロースのようなジジと、彼を取り囲む大地の子どもたちが、ワイアナエの人々に希望を生み出している。

❇「観光コースでないハワイ」を訪ねて

マカハ農園を後にしてワイアナエ海岸に戻ると、夕陽にきらめくビーチでサーフィンに興じる地元の若者たちと、その手前に並ぶホームレスのテントという対照的な光景を目にした。日本ではホームレスとサーフィンは結びつかないものだけれど、この若者のうち何人かは、テントで暮らしているのかもしれない。ワイアナエではそういうことが珍しくないからだ。彼らは彼らなりに、与えられた状況を精一杯楽しもうとしている。そうは言っても、やはり何かがおかしい。経済的に豊かなハワイで、ハワイアンが多く暮らすワイアナエが極端に貧しいことも、ホームレスのほとんどがハワイアンだという事実も。

この旅では、ハワイに欧米人がやって来て二〇〇年ちょっとの間に何が起きてきたのかをたどってきた。そしてわかったのは、ハワイアンにとっては苦々しい過去が、決して過去のものではないという事実だった。彼らが置かれた厳しい状況も、そうした歴史の延長線上にある。世界中の人々から「楽園」と呼ばれて久しいこの島々が、ハワイアンにとっても本当の「楽園」となる日は、いつか来るのだろうか。

そんなことを思いながら、すでに暗くなりかけた海岸線に沿って車を走らせる。カーラジオからは、流行のハワイアン・レゲエが流れている。旅の間、何度も耳にした曲だ。

この旅で日々感じていたのは、旅行者が「ハワイが好き」と言うときのハワイのイメージが、いかに限定されたものかということだった。もちろんそのほとんどは、「幻想の楽園」であるワイキキ周辺のハワイだ。ぼくがこの旅の間に出会った日本人観光客の数からも、そのことはわかる。ぼくは一カ月以上の間、毎日四千人の日本人がやってくるこの狭い島を移動し続けた。でも日本人を見かけたのは、ワイキキ周辺を除けばほんの三、四カ所の有名な観光地だけだ。すべての島の面積をあわせても日本の四国よりも小さいこの諸島で、いかに日本人が一部に集中しているのかがよくわかる。これまで多くの日本人にとっては、その数カ所の観光地が「ハワイのすべて」であったということなのだろう。

一方で、ぼくに話を聞かせてくれた人たちは、ワイキキ周辺のハワイとはまるで違う、多様で魅力的なハワイがあることを教えてくれた。もし本書を読んだあなたがハワイを訪ねる機会があったら、彼らの活き活きとした生き方に直接触れてみて欲しいと思う。これまで知らなかった「ハワイ」が見えてくるはずだ。幻想と現実の間をたどってきたこの旅。振り返って思い起こすのは、基地をなくすために立ち上がったカイル・カジヒロの次の言葉だ。

「ぼくたちが生きているのは、映画『マトリックス』のような世界だ。仮想現実を見ている人々に目を覚ましてもらうため、行動を起こす必要がある」

ＳＦアクション映画『マトリックス』は、人々が現実だと思って暮らしているこの世界が、実は世界を支配するコンピュータによって、強制的に見せられているだけの仮想現実だったという物語だ。主人公たちは世界を救うために、コンピュータに闘いを挑んでいく。確かに、「楽園」と呼ばれて世界中のリゾートのモデルになっているハワイの、幻想と現実のギャップを示すには、この映画の例えはぴったりかもしれない。でも映画とは、決定的に違うところがある。それは、誰か「悪者」がいるというわけではないということだ。

ぼくは、ハワイに数々の問題をもたらしてきた組織に属する人々と出会って話を聞いた。軍事化を進めてきた政治家のダニエル・イノウエ、商工会議所のチャーリー・オオタ、遺伝子組み換えの研究者、ハワイ観光協会のスタッフや政府関係者……。でも、ぼくが話を聞いた人々は、個人的にはみんな親切で優しい人たちだった。彼らの活動も、誰かを支配しようとか、他人を傷つけてお金儲けをしようと思って始めたわけでない。むしろ、自分の家族やコミュニティ、そしてハワイのために何かをしなくてはとの思いから行動を起こしていた。

しかし、社会のために良かれと思って行ったプロジェクトは肥大化し、システムの中でモンスターのように手におえない存在になってしまっている。そしてそれが環境を汚染して、人々の健康と安全を損ね、ハワイを持続可能な状態からどんどん遠ざけてしまっている。経済のために基地が必要、開発が必要、遺伝子組み換えが必要……そうした思考にとらわれて、そこから脱却できなくなってしまっている。

だれか特定の「悪者」がいないということは、解決が簡単ではないことも意味している。例えばダニエル・イノウエだけが「悪者」なら、彼がいなくなれば解決する。でも、軍をめぐる利権のシステムが続く限り、第二、第三のイノウエはいくらでも現れる。そして、そこに群がる人々も増え続けていく。このような構造をつくってきた責任は、政治家や大企業だけにあるのではない。ハワイに暮らす住民一人ひとり、そして観光客として訪れる一人ひとりの意識のあり方にもあるはずだ。その構造を変えていくには、ハワイに関わる一人ひとりの意識や行動を変えていくことしかない。もちろんそこには、ぼくやあなたを含めて、この島にやってくる日本人がどう変わるのかということも含まれている。

気がつけば、車窓に並んでいたテントの列は姿を消し、遠くに煌々《こうこう》としたホノルルの明かりが見えてきた。このままH—1ハイウェイを走れば、「幻想の楽園」ワイキキまで三〇分とかからない。そこには今日も、ぼくたちがガイドブックなどでよく知る「あのハワイ」が待ち受けている。ぼくは「誰もがよく知るハワイ」と「もうひとつのハワイ」の間を行き来してきたこの旅の終わりに、「ぼくはぼくのできることをするだけ」という、ジジの言葉を噛み締めていた。

✡取材協力者より

一瀬恵美子

二〇一一年三月一一日、巨大地震と大津波が東日本を襲いました。多くの方々が犠牲となり、また家族や家、仕事を失う方々も多く出てしまいました。その後、国際協力NGOセンター（JANIC）から震災支援コーディネーターを依頼された私は、自分にできることであればという思いから、仙台へと向かいました。

しかし目の前に広がる瓦礫となった街を眺めると、その規模のあまりの大きさに、途方に暮れることもあります。この街を再生することはできるのだろうかと。そんな瓦礫の街にも、今日は満開の桜が咲きました。こんな状況でも季節は変わり、春が来て桜が咲く。自然のサイクルの中で私たち人間は生かされているのだと、改めて感じるひと時でした。

この数年関わってきたハワイで、私は持続可能でシンプルな生活をする素敵な人たちと出会いました。彼らが大切にしていたことは、消費することではなく、生産すること。自然から奪うだけでなく、自然に返してあげること。彼らの生き方は、まさに自然のサイクルと共存したものでした。モノは少なくても、生きる喜びにあふれる彼らから学んだのは、一見すると豊かに見える「大量にモノを消費する社会」は、決して豊かな社会でないということです。ハワイから日本へ帰国した私は、土に触れて、自分で作物を育てる小さな畑を始めました。ところが今回の原発事故のために、その作物も汚染されてしまうかもしれません。やはり、自然のサイクルで循環できないものに頼るというのは間違っているようです。原発や、遺伝子組み換え、基地、そして大規模な観光を私が問題にするのは、決して自然の中で循環することがないからです。

これまで首都圏に住む私たちの便利な生活を支えていたのは、事故を起こした福島原発をはじめ、東北地方の原発でした。今回の震災で明らかになったことの一つは、これほど危険なものが地方の人々に押しつけられていたという事実です。私たちは、そのような誰かの犠牲の上に成り立つ社会のシステムから抜け出す必要があります。エネルギーを消費するだけの社会から循環型の社会へ。消費型の観光から、自然と共生できる観光へ……。ハワイも、日本も、そして私たち一人ひとりも、今ここから変わらなくてはいけないと、強く強く思っています。

最後に本にしてくれた高橋真樹さん、どうもありがとう。私はこれまでハワイで出会った人や経験したこと、伝えたいことがたくさんあったのに、形にできませんでした。この本を通じて、ハワイから学んだことを、皆さんと共有するチャンスが与えられたことに感謝しています。

二〇一一年四月二四日　　宮城県仙台市より復興を願って

（いちのせ・えみこ）＝ＮＧＯピースボートやハワイエコツーリズム協会の職員としてハワイの環境、観光と関わってきた。

あとがき――ハワイは小さな地球

「観光客でにぎわう南の楽園」というイメージに隠された、もうひとつのハワイを旅してきた。この取材で強く感じたことがある。それは、ハワイがまるで小さな地球のようだということだ。世界有数のリゾート地として繁栄しつつ、米軍の重要拠点としての役割も担っているこの島の人口はたった一三〇万人。太平洋に浮かんだ小島にはふさわしくない、膨大な観光客と巨大軍事施設、そして富の集中は、島々に解決しきれない多くの問題を生み出してきた。それは、ハワイがどの大陸からも遠く離れているという地理的な条件のせいで、ことさら鮮明に浮かび上がってきているようにも感じる。

過剰な開発と肥大化した観光産業、エネルギーの枯渇や環境汚染、輸入への依存と低い食料自給率、人口増加とゴミ問題、そして拡大するばかりの貧富の格差……そのどれもが絡み合いながら、もはやこれまで繁栄を築いてきたシステムそのものが限界に来ていることを告げている。

そのことを、ハワイに住む誰もが感じているはずなのに、産業界の威勢はいい。観光業はもっと多くの観光客を集めようとしているし、人々は利益誘導のための軍事化を着々と進める政治家を支持している。そして、プランテーションが儲からなくなった農業は、遺伝子組み換えを進め

筆者。オアフ島、ダイヤモンドヘッド付近にて。

る多国籍企業を誘致した。まるで無限の経済成長が可能であるかのように振舞い続ける政財界のこうした動きは、ハワイが持続可能な島になるどころか、破滅に向かって全速力で突き進んでいるようにも見えてくる。

このことは、世界のあらゆる地域で人々が直面している事態にも、そっくりそのまま当てはまる。今の日本だって例外ではない。日本でもハワイと同じように、経済成長を優先するあまり環境は破壊され、安い輸入食品に頼ることで産業が空洞化して、食料自給率を低下させ続けてきた。また、地域社会や人々のつながりは断ち切られて、気づけばぼくたちは「無縁社会」などと呼ばれる冷たい社会に孤立して生きている。「出会い系」の商売が流行るのも、本当の出会いが希薄だからなのだろう。二〇世紀、多くの人々が望んだ幸せとは、こんな社会ではなかったはずだ。

ぼくがハワイで出会ったのは、そうした希望の見えない状況を前にして途方にくれるのではなく、自分たちの手で、変化を起こそうとしている人たちだった。かつてハワイアンは、一〇〇年先のことを考えて子どもたちにアロハ・アイナの心を伝えてきた。しかし彼らを飲み込んだ巨大な歴史の渦が、命と同じくらい大切なアフプアアや、タロイモ畑、そして自分たちの住まいさえも奪っていった。ハワイアンにとって大切なものは、今では何もかも消え去ってしまったかのようにも見える。

でもそうではなかった。ぼくがこの目で見たのは、何より一番大切な、アロハ・アイナの心を受け継ぐ人々が、着実に増えている姿だった。消滅しかけたハワイアンの言葉を取り戻した教育者、自然と共存するツーリズムを目指すNGOスタッフ、自分がホームレスであるにも関わらず、ホームレスの支援のために立ち上がった女性、コミュニティの結びつきを取り戻し、オーガニック農園を経営する若者……。その誰もが、次の世代のために自分たちの種を植えていた。

日本に暮らすぼくたちだって、彼らの取り組みから多くのことを学ぶことができるはずだ。「ハワイの先住民」というと何か自分とは関係のない、遠い話のように聞こえるかもしれないけれど、ジジがやっているマカハ農園の取り組みなどは、今の日本でもそのまま活用できるのではないだろうか。ジジたちの続けてきた地道な努力に接してきたぼくは切実に思う。ぼくたちには、一〇〇年先のために、今どんな種を植えることができるだろうかと。

最後に、本書を執筆する上でご協力いただいた皆さんに感謝をしたい。

ハワイ社会全体を伝えるような本を作りたいというぼくの試みをひとまず終えることができたのは、まぎれもなく応援していただいた方々のお陰だ。関わり方はハワイでお世話になったり、日本で情報や写真を提供していただいたりといろいろだけれど、ここではお名前だけを列挙させていただく。

リンダ・コックスさん、ジョーンさん、ジョシュ&スージー&ジュリアのポーター一家、前田哲男さん、安田節子さん、森口豁さん、岡崎享恭さん、宇野八岳さん、野平晋作さん、内野加奈子さん、岩崎由美子さん。また、本書には紹介できなかったけれど、ハワイ州観光協会をはじめ、インタビューに答えていただいたすべての方に心から感謝をしたい。

そして以前、ぼくが働いていた「ピースボート」についても触れておきたい。ピースボートは国際交流をテーマに、世界を巡るクルーズを出している団体だ。ぼくはそのピースボートでの体験を通じて、ハワイのことを伝えたいと思うようになった。読者の皆さんも、機会があれば世界で最も多くの世界一周クルーズを実現させてきたピースボートの船に、ぜひとも乗船していただきたい。船上や寄港地で、もうひとつの世界をめざして行動するたくさんの人々に出会うことができるはずだ。

取材に同行してくれた二人には特に感謝している。ハワイ太平洋大学に在学中の木髙香奈絵さんには、取材のときに助けてもらった。より幅広い取材ができたのは、彼女のおかげだ。また、ともに本をつくりあげた取材協力者の一瀬恵美子さんにはすべての面でサポートしてもらった。そして高文研のみなさんと担当してくれた山本邦彦さんに、この場を借りて深くお礼を申し上げたい。

二〇一一年三月五日

高橋　真樹

本書のあとがきを書き終えてすぐに、日本は東日本大震災に見舞われた。震災から約三年半がすぎた現在も、福島県を中心に多くの人々が仮設住宅などで厳しい生活を送っている。被害を拡大させ、被災者を苦しめてきた原因のひとつには、人間や命よりも目先のお金を優先して成り立ってきたこの国のシステムがある。でも目先のお金のことばかり考えていると、結局は経済的にも成り立たなくなることを、今回の震災は証明した。

そのシンボルが原発だろう。これほど地震の頻発する国で、リスクを無視して日本中の海岸線にあんな危険なものを並べ続けたメンタリティは、現実的でも経済的でもなく、もはやSFの世界の話のようだ。もちろん財界や電力会社は、回せば回すほど利権が入る原発というおいしいシステムを手放すつもりはないだろう。でも、これほど無理のあるシステムを続けていくことはもう不可能なのだ。ぼくたちは今こそ、ハワイの人たちのように持続可能な社会をつくるための行動を起こす必要がある。先住ハワイアンの教えにあるように、一〇〇年先のことを考えれば、答えは原発や遺伝子組み換えにはならないのだから。

（二〇一四年八月一日、二刷増刷時に追記）

☒「もうひとつのハワイ」を歩くガイド

■オアフ島【地図７ページ】

●マカハ農園［212ページ］
マカハ小学校の隣にある自然農園。ハワイアンの伝統や、農業について子どもたちに教えている。基本的には一般公開していないが、教育目的などで訪問希望の場合は、事前に連絡を。 http://www.hoa-aina.org/

●カアラの谷文化学習センター［34ページ］
ハワイアンの文化を学び、土地とのつながりを再発見するために、かつてのアフプアアに設立された学習センター。タロイモ畑の体験学習やワークショップなどを行っている。こちらも一般公開はしていないが、教育目的などで訪問希望の場合は事前に連絡を。
http://www.k12.hi.us/~waianaeh/HawaiianStudies/kaala.html

●ハラウクマナ・チャータースクール［68ページ］
ハワイアンが、自分たちの伝統に基づいた教育方法で、指導する目的でつくられた地域密着の学校。一般公開はしていないが、教育目的などで訪問希望の際は事前に連絡を。
http://www.halaukumana.org/

●ハワイ大学マノア校［22ページ］
ハワイで最も学生数が多い州立大学。日本や他の太平洋の島々からも多くの留学生が来ている。見学可。 http://www.uhm.hawaii.edu

●ハワイ大学カパパロイ・オ・カネワイ［25ページ］
ハワイ大学マノア校、ハワイアンスタディーズの学部の敷地内にあるＮＧＯ。授業の一環としてタロイモ栽培を行っている。

●ダウン・トゥ・アース
ハワイ産のオーガニック食品を販売しているスーパー。ハワイで採れた有機野菜の他、自然素材の化粧品なども扱っている。また、遺伝子組み換えにも反対している。オアフ島にはハワイ大学マノア校の近くなど、3店舗がある。 http://www.downtoearth.org/

●イオラニ宮殿［49ページ］
ハワイ王朝の盛衰を象徴する壮麗な宮殿。近くにはカメハメハ大王像や、リリウオカラニ像もある。日本語ツアーあり。ツアーはいずれも事前予約制。
http://www.iolanipalace.org

●カワイアハオ教会
カメハメハ３世の時代につくられたホノルル最古のキリスト教会。

●ビショップ博物館［40ページ］
ハワイの歴史をたどるならまずはここから。ポリネシア関連の資料も充実し、日本語でのツアーも実施している。 http://www.bishopmuseum.jp

●ハワイ日本文化センター［108ページ］
ハワイの日系移民の歴史と日本文化についての展示がされている。ミニシアターでは強制収容の苦難を伝える映画「頑張れ!」を上映している。http://www.jcch.com

●アメリカ陸軍博物館［96ページ］
フォート・デ・ラッシー公園内にある軍事博物館。太平洋戦争やベトナム戦争の兵器や戦闘について展示されている。 http://www.hiarmymuseumsoc.org

●えひめ丸慰霊碑［103ページ］
2001年2月に起きた、えひめ丸事件の犠牲者9名を追悼する慰霊碑。カカアコ・ウォーターフロントパーク内の高台にある。

●パンチボウル（国立太平洋記念墓地）［104ページ］
米軍の墓地。ハワイ王朝時代より前は、ハワイアンの埋葬地として使われていた。中央のモニュメントには、沖縄戦など米軍の上陸作戦を描いたレリーフが並べられている。

●ハナウマ湾
人気の海洋自然保護区。一時は観光客の増加で汚染が進んだが、近年は入場者数の制限や、環境教育に力を入れるようになり、改善されてきている。入口では、環境保護に関するビデオの視聴が義務づけられている。

●ワイメア渓谷［83ページ］
ノースショアにある広大な敷地を持つ植物園。敷地内をハイキングしながら、ハワイ固有の植物などを見ることができる。ワークショップやイベント、ウォーキングツアーも行っている。ツアー予約やイベント情報はホームページを確認。ホノルルからバスでも訪問可。 http://www.waimeavalley.net

●クカニロコ［120ページ］
先住民の聖地。かつて先住民の王族がこの石の上で子どもを産んでいた。聖地だけに、訪問の際には敬意を払いたい。H-2をワヒアワで降り、ノースショアに向かう道の途中にある。

●ハワイオキナワセンター［181ページ］
ハワイの沖縄移民にとっての憩いの場。歴史を伝える展示室と、イベントホールがある。沖縄から送られた赤瓦や、沖縄の植物が育つ庭はきれいに整備されている。訪問の際には事前に連絡を。 http://www.huoa.org

●ハワイズ・プランテーションビレッジ［176ページ］
ハワイにやってきた8つの民族の移民生活を伝える屋外博物館。各民族の貴重な施設が数多く保存されている。広い敷地をツアーで回る際には、最低1時間半はとりたい。日本語ツアーあり。 http://www.hawaiiplantationvillage.org

●パールハーバー［88ページ］
アメリカ政府の戦争への姿勢を表している一連の軍事博物館。太平洋戦争の始まりと、その勝利を伝えている。周辺には広大な軍事施設が広がっている。
　アリゾナ・メモリアル http://www.arizonamemorial.org
　潜水艦ボウフィン博物館　http://www.bowfin.org
　戦艦ミズーリ・メモリアル　http://www.ussmissouri.com
　太平洋航空博物館　http://www.pacificaviationmuseum.org

●ファーマーズマーケット［185ページ］
ＫＣＣ、ノースショア、ミリラニ、カイルアなどで毎週一回開催されている農家と直接触れ合えるマーケット。開催曜日や時間は事前にチェックを。ハワイ農業組合のサイト（http://www.hfbf.org/）からも情報は得られるが、組合が主催していないファーマーズマーケットも多数あるので、地元の人から情報を聞いた方が良い。

●ハワイアンフード・オノ
ポイやロミロミサーモンなどハワイアンの伝統料理が楽しめるレストラン。お薦めはタロの葉を重ねて、中に豚肉を入れて長時間蒸したラウラウ。値段もリーズナブル。
726 Kapahulu Ave　Honolulu, HI 96816　(808) 737-2275

●セレスチャル・ナチュラルフード
70年代から経営している健康食品店で、中にはオーガニックレストランも併設している。遺伝子組み換え反対運動に関する情報も得ることができる。場所はノースショア、ハレイワの街に入ってすぐ左、マクドナルドの近くにある。
66-443 Kamehameha Highway　Haleiwa, HI 96712　(808) 637-6729

■マウイ島【地図８ページ】

●パシフィック・ホエール・ファンデーション［166ページ］
徹底したエコロジー思想の下で、ツアーを催行しているＮＧＯ兼旅行会社。マウイ島近海にやってくるクジラやイルカを見るなら、ＰＷＦのツアーに参加してみよう。ツアーには事前申し込みが必要。 http://www.pacificwhale.org

●マウイ・ネイ
先住ハワイアンの団体が、かつての聖地などを訪れるツアーを主催している。ツアー代金は養殖池の復元資金となる。ホームページから予約可能。 http://www.mauinei.com/

●キパフル・オハナ［155ページ］
先住ハワイアンの文化を伝えながら、地域に根差したオルタナティブなツーリズムを目指しているＮＧＯ。ツアーには事前申し込みが必要。 http://www.kipahulu.org

●ハナ・ガーデンランド
自然の中にあるコンドミニアムスタイルの宿泊施設。もともと敷地内が植物園だったため、周囲には数々のフルーツの木など豊かな植物が茂っている。ホームページから予約可能。 http://www.hanagardenland.com/

●カハヌ・ガーデン［175ページ］
巨大なヘイアウのある国立熱帯植物園。ハワイ固有の植物の他、タヒチなどから運ばれてきた植物も栽培されている。また、太平洋中のパンの木を収集し、保全活動を行っている。ツアーでは、先住民がどのように植物を使い、自然の中でどういった暮らしをしていたかを教えてくれる。見学は予約不要だが、ツアー参加なら事前予約が必要。
http://www.ntbg.org/gardens/kahanu.php

●パイアの街
マウイ島の中でもヒッピーやアーティストが集まる国際的な街。健康志向のオーガニックレストランやスーパー、地元のアーティストたちの作品を販売するギャラリーもあり、散策するだけでも楽しい。特に鮮やかなチベット寺院はお薦め。

●ハナの街［161ページ］
商業化されていないため、ハワイのほかの場所では見られない手つかずの自然が広がる風景を楽しめる街。レストランは数軒しかないため必要なものはすべてパイアで購入しておくのがお薦め。パイアから車で3～4時間、ハナハイウェイを通ってたどり着く。

●サーフィン・ゴート・デイリー
この農場でヤギを飼育し、チーズを製造、販売している。農薬や殺菌剤、添加物が使われていないこのチーズは、多くの賞を受賞している。また、付近のアリィ・クラ・ラベンダーなどと連携して、地場産業を盛り上げるため、新しいマウイ産の商品の開発を行っている。 http://www.surfinggoatdairy.com/

●アリィ・クラ・ラベンダー
広々としたラベンダー畑。数々のラベンダーにまつわる商品を開発、販売している。
http://www.windsfromhawaii.jp/aliikulalavender/directions/index.html

●アレキサンダー＆ボールドウィン砂糖博物館
マウイ島に一カ所だけ残る製糖工場の一角にある、砂糖産業の歴史を伝える博物館。
http://www.sugarmuseum.com/

■ハワイ島【地図8ページ】

●ボルケーノゲストハウス
エコロッジの手本となるような宿泊施設。電気も水も自前でまかなっている。自家発電や雨水のろ過システムのほか、オーガニックファームや家畜の飼育など、自然の循環を重視した取り組みを行っている。部屋は快適で、ジャグジーもおすすめ。
http://www.volcanoguesthouse.com/

●ヨガ・オアシス
ヨガを愛する人のためのヨガロッジ。宿泊料金には朝のヨガレッスンも含まれている。長期間滞在する人向けのボランティア宿泊制度もある。 http://www.yogaoasis.org/

●カラニ（カラニ・オーシャンサイド・リトリート）
100エーカー（約12万坪）の広い土地に、10数件のロッジや多目的ホールが建てられたエコビレッジ。ヨガやダンス、ハワイ文化などのワークショップを毎日行っている。開放感あふれるこの場所に魅かれて世界各地から人々が集ってくる。ボランティアをしながら長期滞在をしている若者も多い。3日以上の滞在がお薦め。
http://www.kalani.com/

●アンクルロバーツ・カヴァバー
地元のハワイアンが集うミュージックバー。ポリネシアの伝統的なドリンクであるカヴァも飲める。目の前の海岸は溶岩流が押し寄せたために、真黒なブラックサンドビーチになった。 Next to Kalapana Village Cafe', Pahoa, HI　(808) 936-1229

●ハワイ・ネーチャー・エクスプローラーズ［158ページ］
（ヒロ在住、長谷川久美子さんによるエコツアー）

ハワイ島やカウアイ島で、トレッキングなどを通して、ハワイの自然について学ぶエコツアーを主催している。収益の一部は、ハワイの自然保護団体に寄付される。ハワイの大自然を体験したければ、ツアーに参加してみよう。申し込みはホームページから。

http://www.hawaii4u2c.com

●太平洋津波博物館
ヒロの街中にある小さな博物館。かつて大津波に襲われたことのあるヒロで、悲劇と防災の心がけを忘れないように建てられた。 http://www.tsunami.org

●イミロア天文学センター［82ページ］
立体プラネタリウムをはじめ、天文に関する最新のプログラムや展示を備えた施設。また、ハワイ文化に深く関連した内容も伝えている。 http://www.imiloahawaii.org/

●ライマン・コナ・コーヒー農園［208ページ］
徹底したオーガニックコーヒー作りにこだわった家族経営のコーヒー農園。宿泊施設Ｂ＆Ｂ（マンゴー・サンセット）も運営していて、ホームページから宿泊予約ができる。コーヒーもサイトから購入可能。オーナーは大のタバコ嫌いなので、敷地では禁煙で。
http://www.lymankonacoffee.com/

●アナエホ・オマル・ペトログリフ
古代ハワイアンが岩に刻んだ記号や文字。数百年前のものが多いとされている。ワイコロア・リゾート内のキングス・トレイルにある。

●プウホヌア・オ・ホナウナウ［32ページ］
戒律（カプ）を破ったハワイアンがここに辿り着けば、処刑をまぬがれた「逃れの地」。カメハメハ2世の時代にカプが廃止されると、それまでの神々をまつっていた場所は破壊された。ここもその一つで、現在は復元されている。http://www.nps.gov/puho/

●アフエナ・ヘイアウ［19ページ］
カメハメハ大王が晩年を過ごした、茅葺屋根の家を復元したもの。コナの海岸にある。

●モクアイカウア教会
宣教師によって建てられたハワイ最古の教会。コナの街のシンボルにもなっている。

●プウコホラ・ヘイアウ
ハワイアンの祈りの場であった聖地ヘイアウ。カメハメハ大王の命で、ハワイ統一を祈願して築かれたこのヘイアウには、戦いの神が祀ってある。

■カウアイ島【地図6ページ】

●マラマ・カウアイ・グリーンマップ
カウアイ島の観光案内所や健康食品店などに置いてある地図。農園や植物園、エコツーリズムをやっている場所や、持続可能な生活についての情報を提供している。カウアイではまずこのグリーンマップを入手してから行動したい。地図を作成しているNGO、マラマ・カウアイのホームページでも情報が得られる。 http://www.malamakauai.org/

●リマフリ・ガーデン
カウアイ島北部の小さな町・ハエナにある国立熱帯植物園。ハナのカハヌ・ガーデンと姉妹園で、ハワイ固有の植物と文化を学ぶことができるようになっている。詳細な案内が書かれたガイドブックには日本語版もある。
http://www.ntbg.org/gardens/limahuli

●スティール・グラスファーム
チョコレートをハワイの新しい産品にするため、カカオの木を植えて持続可能な農業を模索している農園。農園見学ツアーは要予約。 http://www.steelgrass.org/chocolate/

●ハナレイ・ファーマーズマーケット
地元の野菜や果物を販売するマーケット。ＫＣＣなどとは異なって、組織として遺伝子組み換えに反対しているため、このマーケットでは遺伝子組み換え食品が販売されていない。毎週土曜日の9時半から12時半まで開催。
http://www.halehalawai.org/farmers-market

●カウアイ・バックカントリー・アドベンチャー
灌漑につかわれていた用水路を改良して、エコツーリズムを行っているアトラクション施設。水路を大きな浮き輪に乗って下っていくアトラクションが人気。ツアーへの参加は要予約。 http://www.kauaibackcountry.com/

土に戒厳令が布告される。日系人のリーダーは抑留される。

1943　日系2世を中心とした第442連隊、第100大隊が結成、ヨーロッパ戦線にて死闘を繰り広げる。

1945　太平洋戦争終結。軍需景気の後退と共に、さらなる観光化の道へ。

1946　各地のサトウキビ畑で大規模なストライキ。労働者側は民族の違いを越えて団結し、待遇の改善を勝ち取る。

【ハワイ州】

1959　**ハワイがアメリカの50番目の州に。**アラモアナ・ショッピングセンター開業。

1962　ダニエル・イノウエが、日系人初の連邦上院議員に当選。

1964　**日本で海外旅行が解禁となる。**約3万5千人がハワイを訪れる。

1967　観光業がハワイ最大の産業となる。

1970　東京・ハワイ間にジャンボジェット機が就航。

1970～　ハワイアン・ルネッサンスの動きが始まる。

1976　アウトリガー・カヌー「ホクレア号」によるタヒチへの航海が成功を収める。

1978　ハワイ人問題事務局（ＯＨＡ）設置。ハワイ語が、英語と並んで州の公用語になる。

1986　ジョン・ワイヘエ、先住ハワイアン初の州知事に当選。

1987　日本からの観光客が100万人を超える。

1992　ライナ島のパイナップル農園が閉鎖。

1993　ハワイ王朝転覆100周年記念式典が行われる。クリントン米大統領が、先住ハワイアンへの「謝罪法案」に署名。

1994　米軍の射爆場になっていたカホオラヴェ島がハワイ州に返還される。

1996　**日本人観光客の数が年間200万人を越える。**

1999　遺伝子組み換えパパイヤ「レインボー」がハワイの市場で流通

2001　**実習船えひめ丸が潜水艦グリーンビルと衝突し、オアフ沖で沈没。**
9・11事件の影響で観光客が激減。

2007　過去最大の年間762万人の観光客が訪れる。

2008　ハワイ州政府がクリーンエネルギーイニシアチブ（ＨＣＥＩ）を発表。2030年までにエネルギーの70%をクリーンエネルギーにするという方針。

2011　東日本大震災による津波がハワイにも到達。

2012　ダニエル・イノウエ議員没。

2013　ハワイ島でパパイヤを除く遺伝子組み換え食品の栽培が禁止となる。

✧ハワイ関連略年表

【先史時代】

250頃　マルケサス諸島より、ポリネシア系の人々がハワイに定住（第一次移民）。

900頃　ソシエテ諸島（タヒチ）方面より、新たなポリネシア系の人々が定住（第二次移民）。

1778　**イギリスのジェームズ・クックがハワイに来航。**

【ハワイ王朝】

1810　**カメハメハがハワイ諸島の統一を完了。**ハワイ王朝の成立。

1819　カメハメハ大王没。息子のリホリホが王に即位（カメハメハ２世）。カプ（タブー）撤廃される。

1820　ボストンよりキリスト教宣教師団が渡来。

1824　カメハメハ２世が没。

1825　弟のカウイケアオウリが即位（カメハメハ３世）。伝染病が蔓延し、先住ハワイアンの人口が激減。

1828　**ハワイでコーヒー栽培が始まる。**

1830　乱伐により、ハワイから白檀の木がほとんどなくなる。ホノルルやラハイナが捕鯨基地として栄える。

1840　最初の憲法を発布。立憲君主制となる。

1848　土地分配を定めるマヘレ法の制定。

1850　ハワイ在住の白人が土地を買占め、大規模なサトウキビ農場や牧場の経営を始める。

1852　**サトウキビ農場の労働者として、中国より契約移民が来島。**

1868　**日本から最初の契約移民「元年者」153名が来島。**

1874　デビッド・カラカウアが王に選ばれる。

1876　アメリカとの条約により、ハワイ産の砂糖の関税が撤廃される。

1881　カラカウア王が世界周遊の旅へ。日本を訪れ、移民の要請などを行う。

1885　**日本からの移民が再開。**政府の斡旋による「官約移民」の開始。

1887　カラカウア王が白人に新憲法（銃剣憲法）の発布を強要される（１回目のクーデター）。

1891　カラカウア王がサンフランシスコで没。妹のリリウオカラニが女王に即位。

1893　**白人住民がクーデターを起こし、リリウオカラニ女王は退位を迫られる**（２回目のクーデター）。ハワイ王朝の転覆。

【ハワイ共和国】

1894　クーデター政権が**ハワイ共和国を樹立。**初代大統領はサンフォード・ドール。

【米国領土】

1898　**米西戦争の勃発。アメリカがハワイを併合。**

1900　沖縄から最初の移民が到着。

1901　モアナホテル開業。ワイキキの埋め立てが始まる。

1908　日本から「ピクチャーブライド（写真花嫁）」として渡航する女性が増加。

1927　ロイヤルハワイアンホテル（ピンクパレス）が開業。ハワイの観光地化が本格化。

1928　ワイキキの埋め立て工事が完成。

1929　世界恐慌の影響で観光客が激減。

1941　**日本軍がパールハーバー（真珠湾）を奇襲したことで日米開戦。**ハワイ全

高橋真樹（たかはし・まさき）
ノンフィクションライター。1973年、東京生まれ。平和協同ジャーナリスト基金奨励賞受賞。世界70カ国以上をめぐり「持続可能な社会」をテーマに、取材執筆活動を行う。
著書に『イスラエル・パレスチナ　平和への架け橋』（高文研）『紛争・貧困・環境破壊をなくすために世界の子どもたちが語る20のヒント』（合同出版）『カラー図解・原発と私たちの選択』『自然エネルギー革命をはじめよう―地域でつくるみんなの電力』『親子でつくる自然エネルギー工作・4巻シリーズ』（以上大月書店）など。
★高橋真樹の全国ご当地電力リポート
http://ameblo.jp/enekeireport
★個人ブログ：「しゃろーむ&さらーむ」
http://ameblo.jp/marae/

観光コースでない　ハワイ　「楽園」のもうひとつの姿
●二〇一一年　七月　一日――――第一刷発行
●二〇一四年一〇月　一日――――第二刷発行

著　者／高橋　真樹

発行所／株式会社　高文研
東京都千代田区猿楽町二―一―八
三恵ビル（〒一〇一＝〇〇六四）
電話　03＝3295＝3415
FAX　03＝3295＝3417
振替　00160＝6＝18956
http://www.koubunken.co.jp

組版／WebD（ウェブ・ディー）
印刷・製本／精文堂印刷株式会社

★万一、乱丁・落丁があったときは、送料当方負担でお取りかえいたします。

ISBN978-4-87498-460-4　C0036